A REVOLUÇÃO QUE MUDOU O MUNDO

DANIEL AARÃO REIS

A revolução que mudou o mundo

Rússia, 1917

1ª reimpressão

Copyright © 2017 by Daniel Aarão Reis

Grafia atualizada segundo o Acordo Ortográfico da Língua Portuguesa de 1990, que entrou em vigor no Brasil em 2009.

Capa
Guilherme Xavier

Ilustração de capa, lombada e quarta-capa
Print Collector/ Getty Images

Caderno de fotos
Claudia Espínola de Carvalho

Pesquisa iconográfica
Giovana Faviano

Preparação
Cláudia Cantarin

Índice remissivo
Luciano Marchiori

Revisão
Huendel Viana
Clara Diament

Dados Internacionais de Catalogação na Publicação (CIP)
(Câmara Brasileira do Livro, SP, Brasil)

> Reis, Daniel Aarão
> A revolução que mudou o mundo : Rússia, 1917 / Daniel Aarão Reis — 1ª ed. — São Paulo : Companhia das Letras, 2017.
>
> ISBN 978-85-359-2980-5
>
> 1. Rússia – História – Revolução, 1917-1921 I. Título.

17-07313   CDD-947.0841

Índice para catálogo sistemático:
1. Revolução Russa, 1917-1921 : História   947.0841

[2017]
Todos os direitos desta edição reservados à
EDITORA SCHWARCZ S.A.
Rua Bandeira Paulista, 702, cj. 32
04532-002 — São Paulo — SP
Telefone: (11) 3707-3500
www.companhiadasletras.com.br
www.blogdacompanhia.com.br
facebook.com/companhiadasletras
instagram.com/companhiadasletras
twitter.com/cialetras

Para a Dievushka
Ela veio agora
Mas com um ar de sempre

Em ambos os lados, o dano deve ser feito antes que o bem possa aparecer — as revoluções não são feitas com água de rosas.

Lord Byron

É um argumento dos aristocratas, esse dos crimes que uma revolução implica. Eles esquecem-se sempre dos que se cometiam em silêncio antes da revolução.

Stendhal

Se você pegar o mais ardente dos revolucionários, e der a ele um poder absoluto, num ano ele será pior do que o próprio tsar.

Mikhail Bakunin

Todas as revoluções modernas contribuíram para o fortalecimento do Estado.

Albert Camus

Sumário

Introdução 11

PARTE I — O CICLO DAS REVOLUÇÕES RUSSAS, 1905-1921
1. As revoluções russas: 1917-1921 17
2. A Revolução de Fevereiro de 1917 50
3. De março a agosto: as crises revolucionárias 63
4. A Revolução de Outubro 87
5. As guerras civis (1918-1921): uma revolução
   na revolução? 110
6. A Revolução de Kronstadt 132

PARTE II — OS ATORES ESQUECIDOS
1. Os camponeses e as revoluções russas 147
2. As mulheres e as revoluções russas 169

Sobre os anos vermelhos (1917-1921):
características e legados 188

Notas.. 195
Referências bibliográficas............................... 205
Glossário.. 211
Cronologia 215
Créditos das imagens 227
Índice remissivo 229

Introdução

O presente livro está dividido em duas partes.

A primeira, dedicada ao ciclo das revoluções russas, compreende seis capítulos.

O primeiro esboça um panorama das revoluções que, encadeadas, configuraram as transformações que fizeram da Rússia tsarista a sociedade soviética. São objeto de reflexão a Revolução de 1905; o período que se estende entre 1906 e 1917; as duas revoluções desse ano, a de fevereiro e a de outubro, além das guerras civis que efetuaram mutações novas, e decisivas, entre 1918 e 1921, e, finalmente, a Revolução de Kronstadt, em março de 1921, cuja derrota ofereceria a derradeira mão para que o quadro do socialismo soviético ganhasse nitidez.

O segundo capítulo analisa especificamente a Revolução de Fevereiro de 1917, seu caráter e principais aspectos.

O terceiro passa em revista as crises sucessivas do ano de 1917, as quais preparam as condições para o advento da Revolução de Outubro.

O quarto capítulo trata dessa insurreição e aborda os principais decretos aprovados pelo II Congresso Panrusso dos Sovietes de Deputados Operários e Soldados, bem como o debate a respeito do caráter da revolução.

O quinto analisa as guerras civis, consideradas em sua pluralidade porque foram diferentes em escopo e caráter e também porque ensejaram novas transformações.

Fecha o ciclo uma reflexão sobre a Revolução de Kronstadt. Seu esmagamento e a rejeição de seu programa democrático estabeleceriam um marco — e um caminho — do qual o socialismo soviético não mais se apartaria.

A segunda parte elege como objeto de estudo dois atores sociais extremamente relevantes, majoritários na sociedade, mas a respeito dos quais pairou, e ainda paira, certo silêncio: os camponeses e as mulheres.

Os primeiros, os mujiques russos, suas características, programas e contribuição ao processo revolucionário, de 1905 a 1921, são objeto do primeiro capítulo. O segundo considera as mulheres, a chamada "segunda metade do céu", as formas e propostas com que tomaram parte nas revoluções.

Há, ainda, à guisa de considerações finais, algumas reflexões sobre as características gerais dos processos históricos estudados e sobre o legado, cem anos depois, deixado pelos anos "vermelhos" da segunda década do século XX.

Fecham o volume uma bibliografia, um glossário e uma cronologia, relacionados ao período compreendido entre 1905 e 1921.

Em relação à datação, cabe uma observação: ao longo dos capítulos das partes I e II adotou-se como referência o calendário juliano, vigente na Rússia até 1º de fevereiro de 1918, quando o governo revolucionário procedeu à conversão ao calendário gregoriano, adotado então no país.

Finalmente, cabe acrescentar que foi meu intuito, com estes

ensaios, suscitar e considerar as principais controvérsias políticas e historiográficas a respeito desse sempre polêmico tema. Se contribuir para a reflexão crítica das revoluções russas, o livro terá alcançado seu objetivo.

PARTE I
O CICLO DAS REVOLUÇÕES RUSSAS
1905-1921

1. As revoluções russas: 1917-1921

As avaliações críticas e as comemorações que certamente terão lugar neste ano pelo primeiro centenário das duas revoluções russas de 1917 não deveriam velar um processo histórico mais amplo que se estende de janeiro de 1905 até março de 1921. É só então, com a assinatura da Paz de Riga, em 18 de março de 1921, e o esmagamento da insurreição de Kronstadt, no mesmo ano, que se completa o ciclo revolucionário constituído por cinco grandes acontecimentos: a Revolução de 1905; as Revoluções de Fevereiro e de Outubro de 1917; as guerras civis, de 1918 a 1921; e a Revolução fracassada de Kronstadt.

Assim, sem subestimar a importância capital das revoluções de fevereiro e de outubro, trata-se de compreendê-las como elos decisivos de um processo mais amplo, de que fazem parte outros marcos cronológicos — também fundamentais na formatação de um novo modelo revolucionário, inédito: o comunismo russo.

A REVOLUÇÃO DE 1905

Recuperar a revolução iniciada em janeiro de 1905, que se estenderia até o fim desse ano, é importante porque muitas de suas configurações e experiências de luta e de organização seriam retomadas em 1917.

Quando eclodiu a Revolução de Fevereiro de 1917, ainda estavam bem vivos na memória tanto daqueles que participaram dos movimentos sociais como das lideranças políticas — conservadoras e revolucionárias — os acontecimentos de 1905. Não gratuitamente, a partir de 1917, muitos passariam a considerar a primeira revolução um "ensaio geral", uma metáfora literária, sem dúvida — porque a história é sempre única —, mas, neste caso, adequada, porque de fato as experiências de 1905 inspirariam e condicionariam algumas ações e decisões tomadas a partir de fevereiro de 1917.

A Revolução de 1905 originou-se no ventre de uma guerra iniciada em fevereiro de 1904, quando o governo japonês atacou, sem declaração prévia, a base naval russa de Port Arthur, no nordeste da China. Foi um conflito de natureza bem diversa daquele que atingiria a Europa a partir de agosto de 1914 e que desempenharia um papel crucial na explosão revolucionária de 1917. Tratava-se de uma disputa, regionalmente localizada, entre o velho e declinante Império Russo e o ascendente e dinâmico imperialismo japonês por territórios e áreas de influência na Coreia e na Manchúria. Embora acionado, o nacionalismo russo teve poucas chances de se tornar relevante como fator de coesão das gentes, uma vez que o território russo não estava ameaçado nem eram claras as razões e desrazões daquele conflito.

Entretanto, a guerra tensionou os recursos econômicos e militares da Rússia, disparando um conjunto de contradições sociais e políticas que desembocaram, no contexto de movimentos grevistas, numa grande manifestação pública, em 9 de janeiro de 1905,* diante do Palácio de Inverno, em São Petersburgo, sede e centro do poder imperial russo. Embora não animados por propósitos revolucionários, os manifestantes foram recebidos a bala, e a multidão dispersou-se em meio a milhares de mortos e feridos. A matança passou para a história como o domingo sangrento, ponto de partida para a Revolução de 1905. E ao longo desse ano, enquanto o poder imperial parecia imobilizado ou impotente, houve uma surpreendente e notável convergência de movimentos sociais.

Ainda que reprimidos, os operários protagonizariam três grandes ondas de greves políticas — em fevereiro, maio e setembro. Além de melhores condições de vida e de trabalho, exigiam-se a derrubada da autocracia e a eleição de uma Assembleia Constituinte para inaugurar um regime republicano. Foi no contexto dessas manifestações que surgiu, num centro industrial ao norte de Moscou, uma organização original — o conselho de deputados operários ou soviete, uma palavra russa que se tornaria conhecida em todo o mundo. Por dificultar a repressão sobre lideranças populares visíveis, essa forma de organização ágil e flexível se disseminou rapidamente e foi adotada em outras cidades, como São Petersburgo e Moscou, com papel central no incentivo e na articulação dos demais movimentos populares na cidade e no campo.

* O calendário juliano foi formulado por Júlio César, em 46 a.C. Já o calendário gregoriano, formulado pelo papa Gregório XIII, em 1582, tornou-se oficial, desde então, nos Estados europeus e em suas colônias. Entre os dois calendários, havia, no século XIX, uma defasagem de doze dias. No século XX, porém, a defasagem passou para treze dias. Assim, 9 de janeiro na Rússia correspondia a 22 de janeiro na Europa e onde mais o calendário gregoriano fosse adotado. Só a partir de fevereiro de 1918, por decisão do novo governo revolucionário, instituído em outubro do ano anterior, é que a Rússia adotou o calendário gregoriano. As datas dos acontecimentos ocorridos até então são aqui registradas segundo o calendário juliano. Na cronologia, ao fim do volume, são fornecidas as duas datas.

Desde a primavera daquele ano, despontaram também movimentos camponeses com suas reivindicações tradicionais — nacionalização das terras, sem indenização, e sua distribuição sob responsabilidade dos comitês agrários. Ao mesmo tempo, nas brechas, apareceu com força política o nacionalismo não russo, ameaçando a unidade do império, constituído por inúmeras nações — quase metade da população —, que suportavam mal a dominação moscovita, apelidada de "cárcere dos povos". Adicionalmente, na esteira de grandes derrotas do Exército, em Mukden, e da Marinha de Guerra, no estreito de Tsushima, em fevereiro e maio de 1905, brotou o descontentamento de soldados e marinheiros, emblematicamente explicitado no motim do encouraçado *Potemkin*, em Odessa, no mar Negro, em junho daquele ano.

Entre as elites também reinava a cacofonia. Desde 1904, as profissões liberais organizavam-se em uniões e, em encontros públicos, proclamavam a necessidade de uma Assembleia Constituinte. Os moderados pensavam numa monarquia constitucional. Os mais ousados imaginavam a hipótese de uma república democrática.

Pressionada por todos os lados, em 1905 a autocracia pôs em prática duas iniciativas que a salvaram: assinou a paz com o Japão (Tratado de Portsmouth, em setembro) e, por meio de um manifesto, datado de outubro, prometeu a convocação de um parlamento (Duma), embora com poderes indefinidos, e garantiu a legalização de sindicatos e partidos políticos.

O fim da guerra neutralizou o descontentamento entre soldados e marinheiros e ensejou a reagrupação das Forças Armadas para a repressão dos movimentos sociais. As promessas de liberalização política dividiram e enfraqueceram as oposições. As tentativas de resistência e de aprofundamento do processo revolucionário foram derrotadas com o fechamento do Soviete de São Petersburgo[1] e a derrota de uma insurreição popular em Moscou, em dezembro.

Embora muitos revolucionários ainda esperassem novas ondas de manifestações, aquela revolução, como se evidenciaria mais tarde, estava vencida.

Ao longo do ano quente e agitado de 1905, surgiram grupos ou partidos políticos que, antes proibidos, foram organizados na clandestinidade e/ou no exílio europeu.

Entre as elites, os liberais editaram na Alemanha, a partir de 1902, a revista *Osvobozhdenie* (Liberação), baseados nas ideias de Konstantin Kavelin e de Boris Tchitcherin. Seus adeptos formaram, em 1905, o Partido Constitucional-Democrático, os kadetes.[2] Partidários de uma monarquia constitucional, nos moldes de certos países europeus, organizada por uma Assembleia Constituinte, eram liderados por Pavel Miliukov e Piotr Struve. Outra ala, mais moderada, também se constituiu em partido: os chamados outubristas, por sua adesão sem reservas ao Manifesto do Tsar.

Entre os que se reivindicavam como representantes das classes populares, distinguiam-se três tendências. A mais expressiva — e mais forte, sobretudo no campo, mas presente também nas cidades — era constituída pela tradição populista russa.[3] Fragmentada em distintos grupos, portadora de concepções e experiências diversificadas, em 1901 constituiu-se na clandestinidade como partido político, o Partido Socialista Revolucionário (SR), mas nunca chegou a ter uma estrutura unificada e centralizada. Os SRs valorizavam a vocação revolucionária camponesa e imaginavam evitar os horrores da civilização capitalista europeia por meio de uma revolução socialista pela nacionalização da terra e pelas tradições igualitárias do mujique, historicamente plasmadas na comunidade tradicional agrária, o *mir*. Politicamente, apoiavam a substituição da autocracia por uma república democrática, baseada numa Assembleia Constituinte livremente eleita pelo sufrágio universal.

Antes dos SRs, e desde os anos 1890, formaram-se na Polônia russa, e entre os artesãos e trabalhadores judeus, partidos e grupos social-democratas de inspiração marxista. Mas foi só em 1898 que se fundou o primeiro partido socialista russo, o Partido Operário Social-Democrata Russo (Posdr), logo desbaratado pela polícia. Em 1903, no exterior, um segundo congresso refundou o partido, que, porém, renasceu enfraquecido, marcado por uma cisão resultante de critérios de organização — os bolcheviques, liderados por Vladímir Lênin, considerando as condições de repressão existentes no império tsarista, advogavam um partido nucleado e dirigido por militantes profissionais. Já os mencheviques, encabeçados por Julius Martov, apesar de reconhecerem a necessidade da luta clandestina, sustentavam a necessidade de uma organização baseada em critérios mais amplos e flexíveis. Independentemente de alas ou partidos, no entanto, todos os socialistas marxistas russos concebiam a revolução em duas etapas: na primeira, sob hegemonia da burguesia, a autocracia seria derrubada e então formada uma república democrática, na base de uma Assembleia Constituinte eleita pelo sufrágio universal. Na segunda etapa, os partidos políticos e os sindicatos socialistas colocariam na ordem do dia a questão da revolução social.

Na extrema esquerda do panorama político, existiam grupos anarquistas que, aliados aos demais socialistas na proposta de derrubar a autocracia tsarista, distinguiam-se deles na crítica à ideia de convocação da Assembleia Constituinte e à "partidocracia" que a vertebrava. Inclinavam-se à defesa da auto-organização das gentes e, desde o início, foram os mais fervorosos adeptos das organizações soviéticas.

Todos esses grupos e partidos, além de outros, sobretudo entre as nações não russas, participariam ativamente dos acontecimentos, ganhariam força com eles e se estabeleceriam como referências políticas incontornáveis.

No que diz respeito ao processo revolucionário de 1905, chamou a atenção dos contemporâneos a irrupção fulminante e multifacetada de uma sociedade até então considerada amorfa e passiva. A questão de uma autocracia todo-poderosa que se poderia desfazer subitamente, perdendo capacidade de ação e de repressão, apontava para a necessidade de rever conceitos relativos à natureza do poder imperial russo.[4]

O movimento operário e sua capacidade de protagonizar greves políticas surpreenderiam os revolucionários russos e europeus, estimulando correntes radicais a repensar suas experiências e obrigando não poucos, inclusive na Europa Central e na Ocidental, a rever ou questionar concepções reformistas que gradativamente hegemonizavam os partidos e sindicatos social-democratas europeus desde a última década do século anterior.[5] Por outro lado, a construção de organizações autônomas, os sovietes, suscitaria receio entre as elites, admiração entre os partidários dos movimentos sociais e desconfiança entre os partidos políticos populares que viam nascer ali, potencialmente, um instrumento imprevisto, de difícil controle, que lhes escapava, em tese, das rédeas e ao qual deveriam, pelo menos em certa medida, adequar-se ou mesmo se subordinar.

Outros atores sociais — camponeses, nações não russas, marinheiros e soldados — surgiram com uma força considerável, suscitando a questão das alianças sociais nas estimativas e cálculos revolucionários. Em sentido inverso, a burguesia e as camadas médias da sociedade (funcionários profissionais liberais etc.), pensadas antes como aliadas potenciais na luta contra a autocracia, evidenciaram notável falta de apetite revolucionário, assustadas com o crescimento dos movimentos sociais e inclinadas a acordos com o regime tsarista, tão logo formuladas as primeiras concessões políticas, apesar do caráter vago das promessas anunciadas.

Assim, embora derrotada, a Revolução de 1905 deixou um terreno fértil de experiências sociais marcantes, que ficaram gravadas na memória social, além de um roteiro para eventuais revisões conceituais a respeito dos rumos da luta revolucionária no contexto da autocracia russa.

Um primeiro elo.

Em algum momento, seria retomado no futuro?

O INTERREGNO: 1906-1914

Entre 1906 e 1914, a autocracia tsarista teve a seu dispor tempo para autorreformar-se. Altos dirigentes do sistema imperial tentaram empreender reformas, destacando-se Serguei Witte, que atuou como ministro de 1892 a 1903, e Piotr Stolypin, atuante de 1906 a 1911.[6] O primeiro, antes de 1905, empreendeu políticas industrialistas, favoráveis à incorporação de capital europeu na economia russa, o que propiciaria, desde os anos 1890, um desenvolvimento capitalista notável. Em face da revolução, defendeu a paz com o Japão, desempenhando papel decisivo nas negociações diplomáticas, e propôs o trânsito da autocracia para uma monarquia constitucional, entre outras medidas. Mais tarde, também seria partidário do não ingresso da Rússia na Primeira Guerra Mundial porque via o conflito como um fator perigoso de desagregação social, econômica e política.[7] Morreu em 1915, já sem ocupar cargos relevantes havia muitos anos e sem ter suas últimas opiniões acolhidas. Stolypin também exerceu altos cargos no poder tsarista e, como Witte, chegou à chefia do governo. Distinguiu-se por políticas de reforma agrária, destinadas à criação de uma classe próspera de pequenos agricultores, e em decorrência disso enfrentou grande resistência entre os conservadores russos. Morreu assassinado em 1911 num episódio não de todo elucidado, pois o homem que o matou era um agente duplo da polícia política e foi executado logo depois.

Do ponto de vista político, a autocracia permaneceu imune a

reformas. A Duma, que passou a funcionar em 1906, era escolhida por um sistema restritivo e elitista e nunca teve poderes efetivos, legislativos ou de controle do governo.[8] Além disso, o tsar podia desconvocá-la ou dissolvê-la quando lhe aprouvesse.[9] Os partidos socialistas, em suas diferentes alas, chegaram a ter representantes eleitos que desempenhavam funções de agitadores e propagandistas, mas se frustraram as expectativas de que o Parlamento pudesse assumir um papel significativo na história do Império.

Entre 1906 e 1910, os que pretendiam mudar a sociedade e o poder enfrentaram tempos ásperos. Era como se não houvesse brechas nas muralhas da autocracia. Depois, pouco a pouco, surgiram movimentos reivindicatórios, dispersos. Eles cobrariam dinamismo a partir das greves nas minas de ouro do rio Lena, em 1912, quando um massacre perpetrado pela polícia, em abril, resultou em centenas de mortos e feridos. Ainda assim, em 1913, durante as comemorações do tricentenário da dinastia dos Románov, a autocracia parecia imbatível.

No primeiro semestre de 1914, porém, a curva ascendente das greves anunciava movimentos populares revigorados. Quando se iniciou a guerra, em agosto daquele ano, Lênin a saudou como o "melhor presente" que o tsar poderia dar ao movimento popular e aos revolucionários. Ele pensava com esperança, assim como faziam diversos líderes conservadores, em chave invertida, com inquietação, no potencial desagregador que uma guerra de vastas proporções poderia suscitar na sociedade russa. Entretanto, o chamado à defesa da pátria obteve respostas tanto empolgadas quanto resignadas. Não se tratava, como em 1904, no confronto russo-japonês, de uma guerra longínqua contra um adversário desconhecido, mas do enfrentamento contra um inimigo tradicional, pronto a invadir o "sagrado" território da "mãe Rússia". O fenômeno evidenciou a força dos laços de conexão entre o tsarismo e a sociedade.

Não há dúvida de que a autocracia se baseava em instrumentos repressivos de indiscutível eficiência: as Forças Armadas e a polícia política. A burocracia civil, que era "os olhos e os ouvidos do tsar", impermeável ao controle da sociedade, constituía um conjunto de instituições que também garantia ordem e segurança. Por outro lado, e com maior peso, ela tinha à sua disposição a tradição de respeito ao poder e de obediência ao tsar, consagrados pela religião e pela Igreja ortodoxas.

No entanto, o que mais infundia confiança à autocracia, e o que a fazia resistente à necessidade de reformas políticas, era a natureza particular do poder autocrático, observada por Claudio Ingerflom, e não desvelada pelo emprego do conceito de "Estado", construído no ocidente da Europa.[10] Com efeito, a autocracia russa não se diferencia da sociedade; ela a abarca e a integra, sem mediações ou autonomias, formando com ela um todo. Ao traduzir o termo russo *Gossudarstvo* (Государство) por "Estado", não se pode perder de vista seu significado original, de *dominium*, nem o significado próprio de *Gossudar* (Государ), ou seja, amo e proprietário de seu domínio e sujeitos. Nas concepções, e sobretudo nas práticas, o *Gossudarstvo* russo mantém sua função de dominação patrimonialista, excluindo qualquer coisa que se assemelhe a instituições autônomas e enfatizando, ao contrário, um processo de integração entre o poder do autocrata e aqueles que ele domina. É essa integração que está na base da unidade e da coesão sociais, aparecendo o patriotismo russo apenas como o "cimento" que pode proporcionar — e o faz —, em momentos críticos, a disposição para o sacrifício, se for o caso, da própria vida. Essa chave conceitual é importante porque nos permite compreender melhor o "deslizamento para o caos" que passou a caracterizar a dinâmica do império depois da queda da autocracia.

A integração suscitada pelo regime autocrático, contudo, e ao contrário do que pretende certa historiografia, não indica que se trataria de um sistema "congelado" ou "estagnado". Como se pode constatar, vários movimentos caracterizaram a trajetória do império ao longo dos séculos e, em particular, ao longo do século XIX. Houve um crescimento demográfico impressionante. Entre 1860 e 1870, verificou-se um saldo positivo anual de 1 milhão de habitantes. Desde então, e até 1913, cerca de 2,4 milhões a mais por ano. Por outro lado, a expansão militar territorial registrou, ao longo de trezentos anos, um avanço médio diário de 140 quilômetros quadrados.[11] Como consequência da ampliação das fronteiras e da anexação de povos e culturas diferentes, configurou-se um império multinacional.

Anexando culturas e povos diferentes, não russos, ampliavam-se as fronteiras e as possibilidades de migração. Dada a preeminência russa, construiu-se uma dinâmica particular, distinta da alcançada pelas potências europeias, pois se tratava aqui da expansão continental e incluindo povos que não se sentiam inferiores aos russos e ao seu autocrata. Assim, ainda que fossem reconhecidas as margens de sua autonomia cultural e religiosa, os povos e as nações não russas nunca se conformariam com a submissão imposta, expressa numa dominação política e militar pesada. Na espreita, aguardariam brechas para manifestar sua ambição de independência.

Outro tipo de movimento despontou em função das guerras. Desde o século XVI, o tsarismo envolveu-se em conflitos bélicos com europeus e asiáticos e quase sempre saiu vitorioso. Na derrota de Napoleão, no início do século XIX, a Rússia surgiu como potência mundial. Entretanto, na Guerra da Crimeia (1853-56), evidenciou-se sua inferioridade tecnológica, econômica e militar. Segundo a análise de setores econômicos estratégicos da economia de então (carvão, ferro, ferrovias), o Império, em algumas poucas décadas, perdeu sua condição de grande potência. Tornou-se um "gigante de pés de barro".

Nos anos 1860 e 1870, um conjunto de reformas, principalmente a abolição da servidão (1861), mas se estendendo às mais diversas áreas (administração pública, educação, justiça, Forças Armadas), abriu novos horizontes, propiciando, um pouco mais tarde, entre 1890 e 1910, um desenvolvimento capitalista notável: de 1888 a 1913, o crescimento médio foi da ordem de 5% ao ano, estimulado e apoiado pelo poder tsarista e também por importantes investimentos, realizados por Inglaterra e Alemanha, e por empréstimos internacionais, vindos da França, que fizeram o capitalismo russo, sobretudo do ponto de vista tecnológico, profundamente dependente dos capitais externos. Reformas e desenvolvimento econômico acelerado, por outro lado, são formas de movimento que geram tanto prosperidade quanto tensões e contradições, mesmo entre as elites sociais e políticas, e se mostram tanto mais agudas quanto menos se amoldavam à armadura de um poder imperial que se mantinha colado a concepções e a práticas cada vez mais anacrônicas. Outro aspecto, igualmente gerador de contrastes e de oposições, diz respeito à articulação peculiar entre *modernidade* e *atraso*, combinando de maneira inusitada e original, no conjunto do império e, às vezes, numa mesma região, localidade ou unidade de produção (agrária ou industrial), formas e relações de produção vinculadas a épocas distintas, o que Liev Tróstki chamou apropriadamente, em sua *História da revolução russa*, de desenvolvimento *desigual e combinado*.[12]

A despeito disso, a grande maioria dos reformistas e dos revolucionários continuava a pensar politicamente na Rússia e no tsarismo em termos europeus.

Os primeiros desejavam uma monarquia constitucional, embora, em circunstâncias extremas, pudessem aceitar a república democrática nos moldes franceses. Defendiam um processo "pelo alto", que mantivesse as classes populares à margem, pois a experiência de 1905 tinha ensejado entre eles mais receios e sustos do que expectativas positivas.

Os revolucionários, ao contrário, estimulavam a pressão de movimentos sociais para derrubar a autocracia e contavam com ela. Segundo os sociais-democratas, de inspiração marxista, a autocracia seria substituída por uma república democrática, hegemonizada pela burguesia e definida por uma Assembleia Constituinte, eleita pelo sufrágio universal, como já mencionado. Apenas mais tarde, num futuro impreciso, numa segunda etapa histórica, a questão da revolução socialista entraria na ordem do dia. Entretanto, convém registrar, sobretudo pelo seu impacto futuro, que, entre os marxistas, Lênin e Trótski, em momentos distintos e com termos diferentes, formularam a hipótese de um processo de interpenetração entre essas duas etapas históricas. Em virtude da inapetência revolucionária da burguesia e das elites sociais, evidenciada na e pela Revolução de 1905, o proletariado e as demais camadas populares poderiam ser chamados a assumir o poder e realizar "tarefas" que historicamente caberiam à burguesia. Uma "revolução permanente", como a denominou Trótski, ou uma "revolução ininterrupta", de acordo com Lênin, poderiam levar as etapas previstas nos programas até então formulados a se interpenetrar. Tais ideias, no entanto, ficaram suspensas no ar, uma vez que seus autores não se dedicaram a fazer com que fossem aceitas pelos camaradas de partido.

Com o tempo, até mesmo os socialistas revolucionários aderiram ao "esquema histórico" das etapas. Apesar de impregnados pelas tradições populistas, favoráveis a um socialismo agrário, baseado no igualitarismo camponês, e críticos radicais dos modelos liberais europeus, os SRs, desde o começo do século XX, quando se tornaram um partido, passaram a defender a Assembleia Constituinte como fundadora de uma república democrática. No campo dos revolucionários, só a rejeitavam, e à "partidocracia", os anarquistas, cujas teses favoráveis à auto-organização se aproximavam, não raro, das tradições populistas que valorizavam o insurrecionalismo violento "dos de baixo".[13]

A questão nacional e a questão camponesa também ensejaram muitos debates no interregno entre 1906 e 1914.

Os reformistas, de modo geral, eram partidários de que o Império Russo, sob uma monarquia constitucional, ou sob uma república democrática, mantivesse a integridade territorial. Os mais progressistas admitiam a concessão de uma autonomia ampliada, ou até mesmo a independência, para a Polônia russa ou para a Finlândia. Daí não se passava. As demais nações não russas haveriam de encontrar termos de convivência civilizada no contexto de uma Constituição, aprovada por uma Assembleia eleita por todos.

O interessante é que a maioria dos socialistas também não aceitava bem a desagregação do império. Para eles, a questão nacional era de natureza "burguesa" e não cabia aos socialistas estimular, abrigar ou conciliar-se com nacionalismos. Não viam nada de positivo na frase de Marx segundo a qual "um povo que oprime outro não pode ser livre". Destoou do conjunto a formulação de Lênin, favorável ao reconhecimento do direito de secessão. Houve entre ele e Rosa Luxemburgo uma polêmica a propósito do assunto, pois a militante não via com bons olhos a mistura de socialismo e nacionalismo. Mas Lênin mirava na força desestabilizadora do tsarismo prenunciada pelas lutas nacionais em 1905. Ele queria aliados para destruir a autocracia, e a eventual independência das nações não russas certamente enfraqueceria o poder vigente.

A participação dos camponeses na revolução também suscitou polêmicas. Num país em que mais de 85% da população vivia no campo, não seria razoável falar de uma revolução digna desse nome sem o envolvimento ativo e decisivo dos mujiques. Até 1917, os socialistas revolucionários eram os grandes líderes dos camponeses e de suas demandas mais radicais, compartilhadas igualmente pelos anarquistas — nacionalização e distribuição de toda a terra sem nenhum tipo de indenização. Era a velha tradição populista da "repartição negra", distribuição geral das terras mais férteis, sob controle dos próprios camponeses.[14] Já os socialistas marxistas, apesar de pressuporem a participação camponesa, tinham suas reservas: uma distribuição igualitária da terra desembocaria na formação de uma classe de pequenos proprietários, um "atraso" do ponto de vista de um processo de modernização socialista. Os bolcheviques, com base em critérios econômicos e sociológicos, distinguiam no campo, como particularmente revolucionários, os camponeses pobres e os proletários ou semiproletários que trabalhavam nas grandes propriedades exportadoras.[15] Era com eles que os operários deveriam aliar-se na perspectiva de uma ditadura democrática dos operários e camponeses, na fórmula curiosa e algo paradoxal de Lênin, mas que excluía de modo claro da participação no poder a burguesia e demais elites sociais.

A GUERRA E A REVOLUÇÃO DE FEVEREIRO DE 1917

Ao contrário das expectativas dos revolucionários, a Primeira Guerra Mundial, iniciada em agosto de 1914, unificou a sociedade, ora resignada, ora empolgada pelo entusiasmo patriótico.

Entretanto, já no ano seguinte, as sucessivas derrotas e o grande número de feridos, mutilados e mortos suscitavam comoção, reservas e protestos. As Forças Armadas russas, apesar da coragem e da determinação dos soldados, mostravam-se subequipadas e, salvo exceções, sob um comando inepto. Na retaguarda, reinava a desorganização dos transportes e do abastecimento. A economia russa, em virtude do bloqueio imposto pela guerra, dada sua dependência em relação às fontes externas (máquinas, material e peças de reposição etc.), enfrentava dificuldades significativas. Como haviam advertido Witte e Piotr Durnovo, entre outros, o império mostrava total despreparo para participar de uma "guerra industrial".

Também provocava ressentimento o contraste entre a miséria das trincheiras e os sacrifícios suportados pela maioria da população, enquanto setores privilegiados pareciam fazer bons negócios, gozando a vida em festas, restaurantes e teatros como se nada de extraordinário estivesse acontecendo.

Para remediar a carência da autocracia e de suas instituições, a sociedade, segundo observou Marc Ferro, começou a auto--organizar-se.[16] Para dar conta dos gargalos da produção industrial e do socorro aos feridos, surgiram comitês, cooperativas e organizações com o objetivo de cumprir funções que, em princípio, competiam ao governo. Mesmo assim, as condições voltaram a piorar ao longo de 1916.

No poder, havia apenas incompetência ou também traição deliberada?[17] Entretanto, as pressões favoráveis a um governo de "confiança nacional", ou seja, com a participação efetiva dos partidos da Duma, esbarravam no muro da intransigência tsarista. Novas derrotas — catastróficas — começaram a suscitar protestos e greves entre os de baixo e conspirações entre as elites. Entretanto, o máximo a que estas chegaram foi ao assassinato de Grigori Rasputin, conselheiro do tsar e da tsarina, em dezembro daquele ano. Proveniente da Sibéria profunda, Rasputin era um místico e granjeara grande ascendência sobre o casal imperial.[18] Por meio de passes e invocações, tivera sucesso, ao contrário dos melhores médicos, em controlar uma grave doença — a hemofilia —, que ameaçava a vida de Alexei, o único filho homem do tsar e da tsarina. Consciente de seu prestígio, começou a interferir na composição dos governos; além disso, mostrava propensão para festas e prazeres mundanos, gerando indiscrições e maledicências, o que acabou por desmoralizar as instituições e a própria família do autocrata.

No início de 1917, a situação, segundo os informes da polícia política, tinha alcançado um ponto crítico, mas, mesmo assim, ninguém previa um desenlace no curto prazo. Em janeiro, numa conferência proferida no exílio da Suíça a jovens socialistas, o próprio Lênin chegou a dizer que "os mais velhos", entre os quais ele se incluía, talvez não vissem a irrupção da revolução, considerada "inevitável", porém os jovens certamente dela participariam.[19] Contudo, os revolucionários a veriam, e mais cedo do que poderiam imaginar.

O inverno de 1916-1917 foi particularmente duro, com temperaturas muito abaixo de zero. Apesar das interdições, algumas greves ocorreram no começo do mês de fevereiro. O frio e a escassez exasperavam a população, principalmente os operários e suas mulheres, pois estas, além de trabalhar, passavam horas em filas intermináveis, sob frio intenso, para tentar conseguir minguadas provisões.

Não foi, portanto, coincidência o fato de as primeiras manifestações que levariam à derrubada da autocracia terem sido organizadas pelas mulheres de Petrogrado.*

Para comemorar o Dia Internacional da Mulher, fixado e celebrado em 23 de fevereiro pela II Internacional Socialista, as trabalhadoras de Petrogrado resolveram entrar em greve e fazer uma passeata em comemoração ao seu dia e em protesto contra as condições de vida e de trabalho. O cortejo engrossou com a adesão de muitos operários, chegou ao centro da cidade, driblando a vigilância da repressão, e suscitou muita simpatia e aplausos. O

---

* Pouco depois do início da guerra, o governo, no contexto da exaltação patriótica, renomeara a cidade de São Petersburgo, russificando o nome de batismo, de origem holandesa, para Petrogrado (cidade de Pedro).

surpreendente foi a passividade das tropas e, em especial, dos cossacos, famosos por sua tradicional brutalidade, mas que, naquele dia, permaneceram neutros.

No dia seguinte, 24, talvez encorajados pelo sucesso do dia anterior, dezenas de milhares de operários também entraram em greve e se dirigiram para o centro de Petrogrado. Mais uma vez, contornaram as barreiras policiais e desfilaram pela grande avenida Nevski, atraindo pessoas, dialogando aqui e ali com os cordões formados pelas tropas, improvisando comícios. Sem ordens precisas, a polícia e os cossacos limitavam-se a observar. Enquanto muitos revolucionários experientes duvidavam do que viam e aconselhavam prudência, temendo eventuais massacres, os manifestantes eram tomados por uma espécie de euforia.

Onde aquilo iria parar?

O fato é que, no dia 25, a cidade amanheceu paralisada por uma greve geral. Em novas passeatas, os manifestantes já não se limitavam a protestar contra a fome, mas também exigiam o fim da guerra e, os mais ousados, a derrubada do tsar. Entre as elites dirigentes, reinavam a estupefação e o nervosismo. O presidente da Duma, Mikhail Rodzianko, fez um apelo ao tsar para que constituísse um governo aprovado pelo Parlamento. Entretanto, incentivado pela tsarina e por chefes militares, que o aconselharam a adotar "mão pesada", ele ordenou que se passasse à repressão imediata.

Logo na manhã do dia 26, um domingo, uma multidão de trabalhadores rumou, uma vez mais, para o centro da cidade. Dessa vez, no entanto, encontraram uma cidade tomada por tropas e policiais, que se puseram a atirar indiscriminadamente, fazendo centenas de mortos e de feridos. O estado de sítio foi decretado e as sugestões conciliadoras provenientes da Duma, ignoradas.

À noite, contudo, indignados com a matança perpetrada, soldados revoltaram-se nos regimentos Pavlovski, Volynski e Preobranjenski. Em poucas horas, o movimento estendeu-se a outras unidades militares, sendo geral a repulsa à repressão. Entre os trabalhadores, em vez de medo, a fuzilaria suscitou raiva e ódio. Foi com esses sentimentos que, no dia 27, novas multidões afluíram dos subúrbios fabris para o centro da cidade. Encontrariam os soldados de braços abertos. Em diversas ruas e praças, soldados e operários confraternizaram. Pequenos destacamentos policiais, ainda fiéis, foram impotentes para deter a maré humana que se transformou em insurreição revolucionária.

O Arsenal, próximo ao subúrbio operário de Vyborg, foi tomado por soldados e operários, que distribuíram milhares de fuzis a quem quisesse pegar. Caiu igualmente na mão dos revoltosos a Fortaleza de São Pedro e Paulo, histórica prisão tsarista, objeto de respeito e de aversão. Outras prisões foram atacadas e libertados milhares de prisioneiros comuns. Na sequência, sucederam-se saques de lojas e residências particulares. Nas principais ruas da cidade instaurou-se uma ambiência de festa e de euforia. Ao mesmo tempo, desatou-se uma violência caótica, obra de soldados repentinamente sem chefia e de muitos criminosos comuns à solta. Policiais foram linchados. Estátuas e outros símbolos do regime tsarista, destruídos.

No anoitecer desse dia 27 de fevereiro, no Palácio Tauride, onde funcionava o Parlamento, duas iniciativas seriam tomadas. De um lado, um grupo de dirigentes políticos e operários, acionando a memória de 1905, formou uma comissão provisória com o objetivo de estruturar um soviete de operários, logo em seguida ampliado para abranger também os soldados. De outro, em outra sala do mesmo palácio, deputados da Duma constituíram um "comitê provisório para o restabelecimento da ordem e das relações com as instituições e com as personalidades". Conforme assinalou o historiador Marc Ferro, estava aí embutido todo um programa de caráter conservador.[20] Entre os partidários do soviete, a perspectiva era a de tomar pé naquela situação, incentivar a constituição de um governo provisório, composto pela Duma, controlá-lo e proclamar uma república democrática. Na Duma, a proposta consistia em restabelecer a ordem e, se possível, salvar a monarquia.

Prevaleceu uma mediação: impôs-se o fim do tsarismo, mas não se proclamou a república. A questão foi por fim remetida a uma Assembleia Constituinte, a ser convocada num futuro próximo, mas ainda indeterminado, que decidiria os rumos da nova Rússia. Enquanto a Constituinte não se reunisse, coexistiriam, pelo menos em Petrogrado, um Governo Provisório, formado pela Duma, e o Soviete de Operários e Soldados, eleito pelas fábricas e regimentos aquartelados na cidade.

O Governo Provisório seria expressão da hegemonia burguesa, considerada inevitável pela grande maioria dos revolucionários de todas as tendências, em face do "atraso" da Rússia. Mas ele seria vigiado pelo Soviete, que o apoiaria desde que respeitasse as liberdades e atendesse às demandas das camadas populares.

DE FEVEREIRO A OUTUBRO DE 1917

Dada a fragilidade de saúde de seu filho, Alexei, hemofílico, o tsar Nicolau II abdicou em 2 de março de 1917 em favor de seu irmão, o arquiduque Miguel. Este, porém, três dias mais tarde, considerando não haver garantias, também abdicou. A radicalização do processo já não se satisfazia com meias medidas, o que determinou o fim da dinastia dos Románov. Livre da autocracia, a revolução russa vitoriosa teve pela frente quatro grandes desafios: dar um fim à guerra; atender às demandas dos camponeses pela terra; abastecer as cidades; lidar com as aspirações à autonomia das nações não russas. Por não ter conseguido resolvê-los ou, ao menos, encaminhá-los de forma satisfatória, criaram-se, objetivamente, como se verá, as condições para a vitória da Revolução de Outubro.

A ideia de uma paz "sem anexações e indenizações", cara aos socialistas russos de todas as tendências, não encontrou eco nos demais países beligerantes. A proposta de uma conferência dos partidos socialistas para pressionar por esse objetivo cedo também se mostrou inviável. Frustrou-se igualmente a tentativa de, numa "última" ofensiva, em junho, inverter a relação de forças e obrigar a Alemanha a uma paz em separado. O tiro saiu pela culatra, a tentativa fracassou. A verdade é que, desde fevereiro, as Forças Armadas russas não conseguiram mais recuperar a combatividade, já combalida desde 1916. Iniciou-se um processo de desagregação que tendeu a se acelerar sob a tripla pressão da insubordinação dos soldados, das novas derrotas e dos sofrimentos resultantes da radicalização do movimento camponês. Os soldados, cuja grande maioria era constituída por camponeses uniformizados, desertavam em massa para participar da revolução agrária em curso ou mesmo para liderá-la. Essa desintegração só foi parcialmente interrompida pelo triunfo da Revolução de Outubro e a assinatura do armistício e, meses depois, pela assinatura do tratado de paz de Brest-Litovski, em 1918.*

A questão da terra concernia à imensa maioria do povo, já que cerca de 85% da população habitava o campo. Até fins de abril, as áreas rurais permaneceram relativamente calmas, apenas alguns poucos conflitos foram registrados. Entretanto, em muitas localidades, organizavam-se comitês e sovietes agrários, reiterando as históricas reivindicações dos camponeses, frustradas desde a grande reforma que abolira a servidão, em 1861, e retomadas no curso da Revolução de 1905: expropriação de toda a

---

* Esse tratado, que oficializa a saída da Rússia dos conflitos da Primeira Guerra Mundial, foi assinado em março de 1918 na cidade então chamada Brest-Litovski, hoje Brest, no território atual da Bielorrússia. Também o assinaram representantes da Alemanha, do Império Austro-Húngaro, da Bulgária e da Turquia. (N. E.)

terra e sua partilha pelos camponeses, segundo suas necessidades e possibilidades, ou seja, as bocas a alimentar e os braços capazes de trabalhar.

As expectativas positivas a respeito de uma reforma agrária cresceram quando se deu a nomeação de Viktor Tchernov, veterano socialista-revolucionário, para o cargo de ministro da Agricultura em 5 de maio de 1917. Entretanto, no poder, os socialistas-revolucionários pareciam mais interessados em gerenciar a ordem do que em ser fiéis a seus compromissos revolucionários. Constituíam comissões de estudo e remetiam a resolução do assunto à Assembleia Constituinte. Enquanto isso não acontecesse, que houvesse paciência. De nada adiantaram as resoluções, unânimes, do I Congresso Camponês, realizado em meados de maio, favoráveis à expropriação e à partilha das terras. O governo não se mexeu. Assim, desde junho, cresceram fortemente as invasões de terra, os incêndios de casas senhoriais, os saques e a morte de capatazes ou mesmo de senhores de terra. O fenômeno tomou proporções gigantescas a partir de agosto, época das semeaduras, quando os mujiques russos realizaram, na prática, a revolução agrária, mais tarde legalizada pelo Decreto sobre a Terra, aprovado pelo II Congresso dos Sovietes no contexto da revolução vitoriosa de outubro de 1917.

O abastecimento das cidades tornara-se um grave problema desde 1916. Escassez e inflação eram os tormentos das gentes pobres e dos trabalhadores das cidades, especialmente das mulheres, que faziam as filas e enregelavam nelas no outono e no inverno. Desde fevereiro de 1917, instaurou-se o racionamento. Ao longo do ano, as rações alimentares reduziram-se de modo alarmante: em março, foram fixadas, para cada pessoa, em cerca de setecentos gramas diários. Em fins de abril, foram reduzidas a 350 gramas. Em julho, nova diminuição, para 225 gramas. Enquanto as rações encolhiam, os preços disparavam. Entre 1913 e fevereiro de 1917, os preços duplicaram. Até julho, nova duplicação. Finalmente, entre julho e outubro, triplicaram.[21] Às greves operárias, os patrões respondiam com locautes.* Empresas fechavam, jogando milhares ao desemprego. Para se defender, os trabalhadores criaram comitês de empresa ou de fábricas, uma forma de organização autônoma em relação aos sovietes, com o objetivo de controlar a produção. A fim de evitar sabotagens, milícias operárias, os guardas vermelhos, começaram a surgir por toda parte. Em maio de 1917, o primeiro congresso dos comitês de fábrica evidenciava uma radicalização nítida, ao aprovar as teses bolcheviques de radicalizar a revolução, embora estes ainda fossem francamente minoritários no âmbito dos sovietes.

A descrença do povo das cidades na capacidade do Governo Provisório de resolver os problemas e a perspectiva de um inverno ainda mais duro em 1917-1918 explicam, em larga medida, a popularidade crescente da proposta de transferir todo o poder aos sovietes.

Não menos importante foi o vulto assumido pela questão nacional. Em 1905, as lutas nacionais surgiram com força imprevista, mas evidente. Tão logo a Revolução de Fevereiro foi vitoriosa, a movimentação das nações russas impôs-se como incontornável. Em 5 de março, menos de uma semana depois da abdicação do tsar, constituiu-se a Rada ucraniana (federação de associações culturais), em Kiev, reivindicando autonomia. No dia seguinte, os finlandeses formularam a mesma demanda. Os povos bálticos (estonianos, letões e lituanos) davam passos no mesmo sentido. Em 16 de março, o Governo Provisório reconheceu a independência da Polônia. Uma resolução simbólica, pois quase toda a Polônia

---

* Locaute (do inglês *lockout*) é a prática, por partes dos empregadores, de impedir a entrada dos funcionários ao seu local de trabalho e o acesso aos instrumentos próprios de sua função. Com isso, inibem as reivindicações, pois os salários não são pagos quando se instaura o locaute. (N. E.)

russa estava ocupada por tropas alemãs. No entanto, o fogo já se alastrava, alcançando o Cáucaso e os povos muçulmanos da Ásia Central.

Todos reivindicavam o direito ao uso da língua nativa nas escolas e nos tribunais. Aqui e ali defendia-se a moeda própria. Os mais audaciosos sustentavam a necessidade de organizar unidades militares nacionais. Direitos importantes, como o de circular livremente por todo o império e a igualdade de todos perante a lei, impensáveis sob a autocracia, eram vistos como elementares e insuficientes. Mais que a autonomia, os nativos não russos passariam a exigir o direito à independência. Daí também adviria a popularidade do governo revolucionário instaurado em outubro, que reconheceu, por um decreto, o direito à secessão.

Por ter rejeitado ou adiado a consideração e a resolução dessas questões, os diversos governos, sempre provisórios, contribuíram involuntariamente para aprofundar a desintegração do poder, em curso desde a queda da autocracia. Por outro lado, a estruturação e a radicalização de movimentos sociais poderosos convergiram objetivamente, depois de sucessivas crises, para a vitória da Revolução de Outubro.

A REVOLUÇÃO DE OUTUBRO

Em outubro de 1917, adicionou-se mais um elo, singular, mas decisivo, ao ciclo revolucionário vivido pela Rússia desde 1905.

O contexto em que a revolução se verificou é marcado por um processo triplo: a desintegração do poder central e a multiplicação dos centros de autoridade; a intensa polarização das lutas sociais e políticas; e o desgaste e a fadiga extremos da população, apanhada num turbilhão revolucionário que, iniciado em fevereiro, parecia não ter fim.

Examinemos de perto essas três referências que se alimentaram mutuamente.

A desintegração do poder central nem sempre foi devidamente estimada. A tendência em analisar o poder na Rússia como um "Estado" nos moldes ocidentais conduziu à incompreensão do impacto da queda da autocracia e, no mesmo movimento, à idealização de um "duplo poder" — Governo Provisório em contraposição ao Soviete — cujos polos, a partir de Petrogrado, lutariam para "ocupar" o lugar deixado vago pelo tsarismo.[22]

Exatamente por não ser um Estado de tipo europeu, por não existirem na Rússia instituições autônomas e intermediárias mediando as relações entre a sociedade e as instituições governamentais (conselho de ministros, aparelhos ministeriais etc.), a queda da autocracia não deixou um "lugar vazio"; em vez disso, propiciou um processo profundo de desintegração da autoridade, resumida lapidarmente por um contemporâneo: "Todos querem mandar e ninguém pensa em obedecer".[23] Desse ponto de vista, o chamado "duplo poder" não se apoiaria em evidências cabais, pois nem o Governo Provisório nem o Soviete, estabelecidos em Petrogrado, dispunham de força ou de capacidade de coerção sobre os níveis de poder considerados inferiores.

O Governo Provisório formulava decretos e formava comissões. Mas suas "ordens" só eram cumpridas ou respeitadas na medida em que houvesse concordância das instâncias afetadas por elas. Com o passar do tempo, nem mesmo o Alto-Comando das Forças Armadas se curvava a diretivas e a ordens emitidas pelo Governo Provisório.

Entre os sovietes que, desde o início, tinham "poder" de fato, é preciso, preliminarmente, distinguir duas instituições com ambições centralizadoras: o Soviete de Operários e Soldados da cidade de Petrogrado e o Comitê Executivo Central (CEC) do Congresso Panrusso dos Sovietes de Deputados Operários e Soldados, eleito em junho de 1917. Do primeiro, sem dúvida, pode-se dizer que dispunha de imenso prestígio moral e político, mas sua autoridade legal e administrativa era nula, pois, até mesmo em Petrogrado, foi criado um sem-número de outras organizações — sindicatos, comitês de fábrica, milícias, comitês de soldados etc. —, que marcavam sua autonomia e não cumpriam "ordens" de quem quer que fosse, salvo se elas correspondessem a suas demandas, interesses ou pontos de vista. Num plano mais geral, o mesmo acontecia com o CEC: os sovietes que se formaram em todas as cidades russas afirmavam sua autonomia e não se deixavam "governar" por instâncias superiores, a não ser, é claro, quando as resoluções provenientes do "alto" se adequassem às próprias ideias.[24] Por outro lado, nunca é demais sublinhar o fato de que os sovietes urbanos chegaram, segundo estimativas, a reunir algo em torno de 20 milhões de pessoas, um número expressivo, mas que representava menos de 20% da população total.

No campo, terreno onde se encontrava a esmagadora maioria da população russa, formaram-se, de modo análogo, comitês e sovietes agrários que replicavam o processo de autonomização existente nas cidades. Os mujiques também realizaram um congresso panrusso, em maio de 1917. Entretanto, o CEC aí eleito não "governava" as organizações espalhadas nos cantões (*volosts*), distritos (*uezds*) e províncias (*oblasts*), que operavam segundo as próprias determinações. A análise dos movimentos camponeses ou dos soldados nas frentes de batalha (camponeses uniformizados) evidencia exatamente o alto grau de autonomia e de fragmentação característico das deserções em massa de soldados e das ações de desapropriação de terras, inclusive, como se verá, contrariando frequentemente as decisões das instâncias que se consideravam centrais.

O mesmo fenômeno ocorreu entre as nações não russas. Muito cedo tornou-se visível a importância das forças centrífugas.

No ocidente do território (finlandeses, letões, lituanos, estonianos, ucranianos), no Cáucaso (georgianos, azerbaijanos e armênios), na Ásia Central (povos muçulmanos) e na Sibéria, constituíram-se assembleias que exigiam autonomia e independência. Nas grandes cidades da "periferia" do império, onde havia minorias russas importantes, criaram-se sovietes autônomos que formularam a opção de associação com a Rússia num quadro "federativo". O panorama era de imensa cacofonia, sem o mínimo consenso.

Neste quadro torna-se muito clara a inadequação da fórmula do "duplo poder". O que havia era a realidade de "múltiplos poderes", e isso tem a ver não com supostas tendências anárquicas, próprias do povo russo, e sim com a natureza do poder autocrático, que, uma vez desmantelado, ensejou um movimento imparável de descentralização da autoridade e de desagregação e desintegração políticas.[25] Às vésperas de outubro, a situação chegara ao limite do caos.

A polarização das lutas sociais e políticas insere-se nessa dinâmica de fragmentação.

Logo depois da Revolução de Fevereiro, as demandas de soldados e operários eram modestas, quase tímidas.[26] O mesmo acontecia, embora em escala menor, entre as nações não russas. Quanto aos camponeses, até fins de abril, permaneceram mais ou menos calmos.[27] Havia uma expectativa, largamente compartilhada, de que a vitória sobre o tsarismo desembocaria no atendimento das reivindicações, entre as quais, e principalmente, o fim da guerra.

Mas não foi o que aconteceu. E por essa razão, a população começou a protestar e, progressivamente, passou a pressionar e a buscar ações que concretizassem seus desejos. Soldados e marinheiros não obedeciam aos oficiais nas frentes de batalha e nos quartéis da retaguarda: os comitês eleitos em cada unidade assumiam o comando prático, preconizavam confraternizações com o inimigo e/ou a suspensão dos combates. A Alemanha, por sua vez, mais interessada na frente ocidental, também diminuíra a pressão sobre a Rússia. Operários intensificavam a pressão sobre os patrões, assumindo, no caso de locautes, o controle das empresas. Cansados de uma reforma prometida, mas não realizada, os camponeses partiram para o saque e a expropriação de propriedades. Quanto às nações não russas, em poucos meses, transitaram da reclamação por autonomia no contexto de uma federação russa para a completa independência. Dois anos e meio de uma guerra devastadora, com escassez e preços altos de produtos essenciais à sobrevivência, desagregação da autoridade política e insegurança crescente, combinados, conduziram à exasperação e à radicalização das contradições e lutas sociais.

Por fim, cabe mencionar o extremo desgaste de uma sociedade submetida a esse jogo intenso de pressões e contrapressões, múltiplas organizações, manifestações e contramanifestações, expectativas frustradas, greves e locautes, além de conflitos sociais que pareciam intermináveis e sem solução. Em face do imobilismo e da sucessão desencontrada de governos provisórios e da hesitação dos dirigentes socialistas moderados, a proposta revolucionária de transferir todo o poder aos sovietes, de início aventada apenas por anarquistas e bolcheviques, começou a se tornar popular, sobretudo depois do golpe frustrado do general Lavr Kornilov, no final de agosto, que ameaçou com um governo contrarrevolucionário e ditatorial.[28]

Assim, a Insurreição de Outubro tornou-se vitoriosa, menos pela força militar de que dispôs, menos pela decantada — e mítica — coesão e disciplina do Partido Bolchevique ou por sua capacidade conspirativa, e muito mais porque soube corresponder aos anseios das grandes maiorias por pão, paz e terra.

Os decretos revolucionários emitidos logo após a vitória menos realizaram e mais atenderam — e consagraram juridicamente — demandas largamente compartilhadas e/ou já concretizadas: a paz imediata; a nacionalização do solo e a expropriação de todas as terras e sua repartição sob o controle dos comitês e sovietes agrários; o reconhecimento do direito à secessão e à independência dos povos não russos; o controle operário sobre a produção industrial.

Todas essas razões fizeram o sucesso imediato em outubro tão rápido e fácil. "Mais fácil do que levantar uma pluma", disse pouco depois um Lênin ainda surpreso com o caráter fulminante da vitória da insurreição.

Muito mais difícil seria estruturar e consolidar o novo poder.

AS GUERRAS CIVIS: 1918-1921

A proposta de transferir todo o poder aos sovietes não era exclusiva dos bolcheviques, que, aliás, só foram ganhos para ela em fins de abril de 1917, graças à intervenção de Lênin, que, chegando do exílio, "virou" a maioria dos dirigentes do partido para essa posição, até então rejeitada pelos líderes bolcheviques em Petrogrado. Os anarquistas também a defendiam, desde 1905. Além disso, ao longo do ano, uma ala radical dos SRS — os SRS de esquerda — e os mencheviques internacionalistas, liderados por Martov, também aderiram à ideia.

Entretanto, a insurreição militar empreendida em 24 de outubro foi denunciada como um "golpe" pelos socialistas moderados e até por muitos que apoiavam a derrubada do Governo Provisório. Mesmo no interior do Comitê Central (CC) do Partido Bolchevique, não houve unanimidade a propósito dessa questão. Quando se abriu o II Congresso dos Sovietes, na noite do dia 25, aprovou-se uma proposta, formulada por Martov, de organizar um governo de coalizão de todos os partidos socialistas. Negociações nesse sentido foram empreendidas, mas não chegaram a resultados positivos, gerando controvérsias que até hoje persistem a respeito da responsabilidade de cada partido por esse fracasso. No início de dezembro, quando o II Congresso dos Sovietes de Camponeses reconheceu, com reservas, o Conselho dos Comissários do Povo — CCP (Soviete Narodnyr Komissarov-Sovnarkom), nome atribuído ao novo governo revolucionário, os SRs de esquerda ocuparam o Comissariado da Agricultura, mas dele saíram meses depois, por não concordarem com os termos do Tratado de Paz assinado em Brest-Litovski, em 3 de março de 1918.

Assim, excetuando esse breve interregno — de apenas três meses —, os bolcheviques se tornaram absolutos no leme do CCP.

Houve, então, uma notável reviravolta. Aquele partido que antes incentivara ao paroxismo todas as tendências à desagregação e à desintegração da Ordem, chegando, em alguns momentos, a imaginar uma democratização radical e completa no plano das instituições, conforme preconizado por Lênin em *O Estado e a Revolução*, obra escrita no calor da hora, entre julho e agosto de 1917, esse mesmo partido teve que, abruptamente, por imposição das circunstâncias, e para se manter no poder, reorientar-se em busca de uma centralização política rigorosa, de caráter ditatorial.

O interessante é que quase ninguém acreditou no sucesso dessa política de centralização. Nem mesmo os bolcheviques, sobretudo quando se deram conta de que a aposta numa revolução internacional ia se perdendo. O próprio Lênin tinha suas dúvidas: em fins de janeiro de 1918, quando a Insurreição de Outubro ultrapassou o tempo de existência da Comuna de Paris, ele celebrou o acontecimento e chegou a dizer que os bolcheviques tinham cumprido sua missão, ao estabelecer um novo marco na história das revoluções socialistas.

A situação interna, depois de outubro, se tornara periclitante. Se a vitória fora fulminante, "leve como uma pluma", manter o governo mostrava-se uma tarefa extremamente complexa — e brutal. A dissolução da Assembleia Constituinte, em 5 de janeiro de 1918, foi um marco. Reivindicação antiga e histórica dos revolucionários russos, eleita em novembro com maioria folgada de oposição ao novo governo, a Assembleia foi analisada pelos bolcheviques como um poder alternativo, por isso inaceitável, e imediatamente fechada. A paz com a Alemanha também ensejou divergências e cisões, afastando definitivamente os SRs de esquerda e os demais partidos socialistas de uma aliança com os bolcheviques. Eles protestavam contra as imposições humilhantes e o sacrifício de valores e princípios antes considerados intangíveis. A rigor, todos os revolucionários russos compartilhavam a concepção de que uma paz "justa" deveria excluir "anexações e indenizações". Ora, o Tratado de Brest-Litovski amputou a Rússia de cerca de 800 mil quilômetros quadrados, além de prever indenizações pesadas.

No plano internacional, as potências aliadas, inconformadas com a saída da Rússia da guerra, incentivaram — e armaram — as forças contrarrevolucionárias, Brancas.* E foram além: começaram a desembarcar tropas em território russo, ameaçando desmembrar o país.

No começo de 1918, os bolcheviques controlavam, de fato, apenas o eixo Petrogrado-Moscou. No sudoeste, proclamara-se uma república cossaca, sob liderança de generais insubmissos. Na Ucrânia, sobretudo em sua parte ocidental, formavam-se unidades militares independentistas, com apoio alemão. O mesmo acontecia nos Países Bálticos. Na Finlândia, proclamara-se a independência, o que desencadeou uma guerra civil, logo vencida

---

* Desde a Revolução Francesa, em 1789, a cor branca, associada à realeza, passou a designar a contrarrevolução. A cor vermelha, associada ao socialismo, identificava os bolcheviques. Outra cor — a negra —, ligada ao anarquismo, também marcaria presença no processo das revoluções russas e das guerras civis.

pelos Brancos, com o consequente massacre de milhares de socialistas. No Cáucaso, na Sibéria e entre as nações não russas muçulmanas, sucediam-se declarações de independência, aprofundando o fantasma da desagregação geral do antigo Império Russo.

O país deslizou para diferentes guerras civis que assumiram proporções catastróficas. Como se sabe, os bolcheviques ganharam os conflitos, evidenciando capacidade de luta e de organização, com destaque para a formação do Exército Vermelho. A vitória deve ser atribuída ao fato de que, até o fim, eles encarnaram os interesses das grandes maiorias, ameaçadas pela contrarrevolução. Alternativas socialistas e anarquistas não conseguiram se consolidar, imprensadas pela polarização entre Brancos e Vermelhos. Além disso, após o desembarque de tropas estrangeiras, os bolcheviques passaram a suscitar apoio de caráter patriótico. Eram eles, no final das contas, os que podiam salvar a Rússia, ou o que restara dela, da completa desagregação. A incorporação de milhares de ex-oficiais das forças tsaristas no Exército Vermelho atesta o fenômeno.

Entretanto, as guerras civis, esse elo adicional — e fundamental — do ciclo revolucionário, arrasaram a Rússia e traumatizaram a população. Neste quadro, como sempre acontece em situações de guerra, e em particular em guerras civis, radicalizou-se o caráter ditatorial do governo revolucionário, centralizaram-se, hierarquizaram-se e militarizaram-se as instâncias políticas, o que enfraqueceu as instituições soviéticas e seu conteúdo radicalmente democrático.

Depois das guerras, emergiria outra Rússia revolucionária...

A REVOLUÇÃO DE KRONSTADT: MARÇO DE 1918

Restaria mencionar um último elo — quase esquecido, mas decisivo — do ciclo revolucionário russo. Minimizado como uma "revolta", difamado pelos bolcheviques e pela história oficial soviética como "contrarrevolucionário", ignorado pela maioria dos historiadores durante muito tempo, o movimento revolucionário dos marinheiros da cidade de Kronstadt, em março de 1921, merece atenção.

O que os rebeldes desejavam, em síntese, era o restabelecimento da democracia soviética, viva ao longo de 1917, e que declinara até a irrelevância ao longo das guerras civis. Havia ali anarquistas, socialistas revolucionários de esquerda e mesmo partidários dos bolcheviques. Como reconheceria Lênin, eles eram inimigos da ordem antiga, mas também rejeitavam a ditadura bolchevique.

O movimento dos marinheiros foi uma aposta perdida. Uma alternativa que não se consolidou.

A revolta se iniciou em 28 de fevereiro de 1921, e, atacada militarmente desde 7 de março, a fortaleza, símbolo maior da vontade revolucionária, "glória e orgulho da revolução", segundo palavras de Trótski, caiu em 17 de março. A repressão bolchevique prendeu e fuzilou um número indeterminado de marinheiros, mas nunca teve a coragem de abrir um processo oficial contra aqueles bravos.

Fechou-se então a hipótese de um socialismo democrático. Ela não voltaria a se abrir. Fechou-se igualmente aquele ciclo revolucionário. O comunismo soviético afirmara-se como ditadura política de partido único. E assim permaneceu durante décadas, até sua desagregação final.

2. A Revolução de Fevereiro de 1917

No cinquentenário da revolução russa de outubro, em 1967, a polêmica sobre se o tsarismo na Rússia tinha sido "derrubado" ou simplesmente "caíra" chegou a ganhar certo destaque.[1] Os fatos, no entanto, são insofismáveis. As manifestações avassaladoras em Petrogrado, a revolta dos soldados e a desagregação dos regimentos aquartelados na cidade, a atuação decisiva dos ferroviários, desviando, impedindo e paralisando o deslocamento de tropas mobilizadas para a repressão da insurreição, incluindo o trem do tsar, imobilizado nas linhas que davam acesso à capital imperial — tudo isso evidencia o papel decisivo da iniciativa consciente e determinada daqueles que derrubaram a dinastia dos Románov, velha senhora de três séculos.

Foi uma revolução *imprevista*, sem dúvida. Isso não significa, porém, que não houve advertências de autoridades e relatórios policiais sombrios. As primeiras, entre as quais o famoso informe de Durnovo,[2] prognosticavam tempos de crise, de instabilidade e mesmo de ruína, caso a Rússia entrasse ou permanecesse numa guerra de novo tipo, "industrial", como a que se anunciava. Mas não eram precisas quanto à emergência, muito menos quanto à inevitabilidade, de uma revolução social de grande envergadura. No tocante aos informes policiais, abstraindo-se suas tendências intrínsecas ao exagero dos "perigos", também não previram a revolução.* Anotavam descontentamentos crescentes, de resto nem tão surpreendentes, dada a gravidade das condições então existentes, sobretudo as que enfrentavam as camadas populares, mas não chegaram a imaginar o cataclisma social que se aproximava. No outro extremo, os revolucionários tampouco conseguiram antecipar que o regime vivia seus últimos dias. Tornou-se conhecida a conferência de Lênin na Suíça, no começo de janeiro de 1917, quando se mostrou cético em relação à hipótese de uma revolução russa no curto prazo. Mas não se trata de algo devido à falta de informação de um exilado distante. Os revolucionários presentes nas fábricas e nas ruas também não previram a amplitude do processo, salvo quando ele já estava praticamente consumado.³

A que atribuir essa aparente cegueira?

Uma hipótese a ser considerada é que, talvez, tanto a polícia política como os revolucionários medissem as possibilidades de uma subversão radical da ordem pela força dos partidos revolucionários. Ora, estes, com efeito, estavam bastante fragilizados em virtude da repressão e das condições dificílimas, no contexto de uma guerra, de organização e preparação de movimentos sociais de grandes dimensões. A maioria das lideranças políticas estava na cadeia ou no exílio. Em larga medida, neutralizadas.

Restava, no entanto, uma incógnita, profundamente subestimada: a margem de iniciativa das gentes, a agência das pessoas

---

* As polícias políticas de todo o mundo, particularmente aquelas de países sob regimes autoritários, tendem sempre, até para valorizar a sua existência, quando não a reprodução ampliada dos próprios aparelhos, a identificar "perigos" iminentes para a ordem constituída.

comuns. Foi nessa iniciativa e nessa agência que se baseou a Revolução de Fevereiro de 1917.

Ora, sem reconhecer esse fato, e conservando uma visão unilateral, supervalorizadora da ação dos aparelhos e das organizações políticas, a maioria dos revolucionários — e dos historiadores —, também surpreendidos pela revolução que emergiu de baixo para cima, tendeu a ver nela uma *revolução espontânea*. A expressão assinala um conceito — melhor se diria, um pré--conceito — de que as pessoas comuns carecem, para se movimentar em luta por seus interesses, de instituições hierárquicas, "externas", que as dirijam ou as conduzam. Na ausência destas, inquestionável nas jornadas de fevereiro, os movimentos são classificados como espontâneos. Podem até mostrar força, mas seria uma força cega, inconsciente.

Não é o que as evidências disponíveis revelam.

A organização da primeira passeata, em 23 de fevereiro, feita pelas mulheres, passou necessariamente por uma articulação prévia. Elas não se juntaram de maneira espontânea na avenida Nevski, como num empreendimento de origem desconhecida e misteriosa. Vieram a pé dos subúrbios operários, determinadas, com seus estandartes e faixas modestos, atravessaram as pontes que levavam ao centro da cidade, enfrentaram, olho no olho, policiais e cossacos, passaram por eles e desfilaram, sérias, dignas e compenetradas. Nos dias seguintes, as torrentes humanas que se precipitaram, modulando palavras de ordem, e já com a presença ativa dos partidos, sobretudo desde o terceiro dia, também foram encadeadas por milhares de pessoas, e é possível imaginar, senão constatar, segundo os relatos existentes, os encontros e as decisões moleculares, elaboradas no segredo das casas e dos bairros, das esquinas e das tabernas, associando-se, unindo-se, para desaguar, finalmente, nas grandes manifestações.

A expressão mais viva dessa *revolução anônima*,[4] mas nada espontânea, foi a elaboração do famoso *Prikaz* (ordem de serviço) número 1. Trata-se de um documento redigido por soldados, datado de 28 de fevereiro, um dia depois da vitória da revolução. Publicado em 1º de março, o texto, dividido em sete itens, estabelecia a necessidade imediata de que, em todas as unidades militares, se constituíssem comitês de representantes "escolhidos entre as baixas patentes" (ou seja, excluídos os oficiais), que se tornariam, ato contínuo, supremas autoridades locais, com o direito e o dever de controlar, sob suas ordens, "todo tipo de armamento", incluindo "fuzis, metralhadoras e carros blindados", os quais, "em hipótese alguma", poderiam ser deixados à discrição dos oficiais. Em outros dispositivos, procedia-se a uma pequena, mas revolucionária, mudança de ordem cultural: os oficiais não poderiam mais dirigir-se aos soldados usando o pronome "tu", e estes, fora do serviço, não mais seriam obrigados a prestar continência ou qualquer outro tipo de postura reverencial aos seus superiores.*

Os oficiais e o Alto-Comando das Forças Armadas acusaram o golpe. Aquele documento, caso aplicado, como foi, detonaria o que há de mais sagrado em qualquer força armada regular, especialmente em período de guerra: a hierarquia e a disciplina, estabelecidas, ambas, de cima para baixo, verticais. De fato, a partir de então, mudaram radicalmente os padrões de organização das Forças Armadas e o relacionamento entre oficiais e soldados. A Marinha de Guerra e o Exército russos não seriam mais os mesmos até a dissolução completa, menos de um ano depois.

* Na língua e nos costumes russos, o emprego dos pronomes pessoais "tu" (ты) e "vós" (вы) é rigorosamente demarcado. Reserva-se "tu" para os íntimos, as crianças e, antes da revolução, as pessoas consideradas "inferiores". Assim, soldados e graduados dirigiam-se aos oficiais empregando obrigatoriamente "vós" e eram tratados por "tu", uma forma poderosa de manter os soldados e os "inferiores" no devido lugar.

Para compreender o *Prikaz* número 1, dois aspectos complementares merecem destaque: o título do documento e as assinaturas.

O título — ordem de serviço — é uma rendição aparente às tradições burocráticas. No conteúdo, porém, propunha uma revolução. Na forma, ocultava-se num jargão anódino. Desejariam os soldados evitar um título épico para não chamar a atenção? Homens práticos, estavam mais preocupados com a "coisa" do que com o "nome da coisa"?

Quanto às assinaturas, um detalhe notável: não há nenhuma. O documento não foi assinado. Temiam seus autores uma reversão da situação? O triunfo de uma eventual contrarrevolução? Ou se imaginavam simples demais para figurar num texto oficial, destinado à publicação?

Respostas a essas questões podem suscitar especulações diversas. Um fato, contudo, é cristalino: a "ordem de serviço" que desorganizou para sempre as Forças Armadas do regime tsarista não foi gerada "espontaneamente", mas elaborada, articulada, discutida. Por pessoas anônimas, sem dúvida. Elas temeram ou simplesmente não quiseram assiná-la. No entanto, os autores existiram: carne, sangue, vontade, consciência. Nikolai Sukhanov, em suas memórias, lembra-se vagamente de ter passado por um grupo de soldados, designados pelo soviete, que se amontoavam em torno de Sokolov, alguns sentados no chão, outros em pé, ditando-lhe o documento que faria história.[5] Foi de sua decisão conjunta que brotou um dos textos mais importantes da Revolução Russa de 1917.

Outro aspecto relevante: em fevereiro houve uma revolução *socialmente unânime*. É certo que, no início, as grandes manifestações tiveram caráter basicamente popular. Após a primeira passeata das mulheres operárias ou casadas com operários, as periferias industriais de Petrogrado, em particular a de Vyborg, afluíram em massa para as ruas centrais da cidade. Depois das matanças do quarto dia, as revoltas dos soldados — na verdade, camponeses uniformizados — adicionariam outro elemento, decisivo, ao movimento que se transformava em insurreição. Soldados e operários, assim, desempenhariam papel determinante na derrubada do regime tsarista.

Entretanto, as elites sociais não se manifestaram de modo hostil, ao contrário, exprimiram simpatia, aplaudiram e, depois, se integraram. Esta posição tinha uma história.

Desde 1915, políticos progressistas da Duma haviam constituído um bloco parlamentar reivindicando a formação de um "governo de confiança", ou seja, com participação dos partidos representados no Parlamento e/ou ali aprovados. Exprimiam insatisfações que germinavam nas bases, mas também atravessavam as alturas da sociedade. As elites, como quase sempre acontece, eram conservadoras, embora isso não significasse que estivessem "imóveis" ou fossem favoráveis à "imobilidade". Diante das carências e da incompetência do regime, tinham revelado um razoável dinamismo ao impulsionar serviços indispensáveis: do socorro aos feridos à organização da indústria de guerra. Entretanto, a memória da Revolução de 1905 as assustava, com suas greves políticas, sublevações de soldados e marinheiros, ocupações de terras e ameaças de fragmentação do império. Preferiam uma transição "pelo alto", sob controle, evoluindo rumo a uma monarquia constitucional, nos moldes europeus, na ordem e na paz. No limite, contudo, e contrafeitas, aceitaram o fim do tsarismo e a formação de um Governo Provisório, que passaram a liderar.

Mesmo o Alto-Comando das Forças Armadas e o conjunto dos generais e almirantes no comando do Exército e da Marinha de Guerra, consultados, concordaram com a dupla abdicação, de Nicolau II e de seu irmão, o arquiduque Miguel, e até os pressionaram nesse sentido. O que os orientava era a ideia de que salvar a ordem naquele momento era prioritário em relação à preservação da monarquia. Em contrapartida, porém, conseguiu-se que a república não fosse proclamada. A questão seria decidida mais tarde, no âmbito da Assembleia Constituinte, a ser convocada em momento indefinido. Assim, os mais conservadores guardaram a esperança de que, no futuro, talvez fosse possível restabelecer uma monarquia constitucional.

No féretro oficial dos mortos abatidos nos dias insurrecionais, realizado em 23 de março, estariam irmanados, exprimindo a unanimidade social, cartolas, fraques e aventais, quepes estrelados dos oficiais e uniformes de simples soldados, os chapéus floridos das damas engalanadas da alta sociedade e os lenços atados sob o queixo das mulheres trabalhadoras, todos chorando, juntos, os mortos daquelas "gloriosas jornadas".

Houve ainda *unanimidade política*. São raras as ocasiões em que tão diferentes partidos e grupos políticos se conjugam de forma tão manifesta. Socialistas marxistas e populistas, trabalhistas, anarquistas, sindicalistas, liberais de variados quadrantes e até mesmo monarquistas se juntaram na celebração de uma revolução que passara, aparentemente, a reunir vontades políticas disparatadas, antes divididas, agora ligadas e vinculadas.

A unanimidade social e política não excluiria, contudo, o *recurso à violência*. A Revolução de Fevereiro, desmentindo certa legenda, não foi pacífica. A repressão matou e feriu milhares de pessoas, em particular no quarto dia de manifestações. De acordo com a contagem oficial, foram 1433 mortos e cerca de 6 mil feridos.[6] Os soldados insurretos também mataram oficiais que se recusaram a aderir e, com os manifestantes, eliminaram policiais que se mantiveram firmes com o regime até o fim. Além disso, criminosos comuns, libertados, saquearam e mataram nas ruas e em casas particulares proprietários abastados, bodes expiatórios de uma ordem que vinha abaixo. Sem contar as vítimas de balas e rajadas de metralhadoras atiradas a esmo por grupos armados, inebriados pela vitória e, não raro, pelo álcool, que deslizaram velozes, em automóveis e caminhões, pelas ruas de Petrogrado tão logo se configurou a vitória da insurreição revolucionária.

A violência desatada foi interpretada por muitos como um mau agouro, uma irrupção de selvageria descontrolada. Maksim Górki, revelando preconceitos eurocêntricos, a viu como expressão de uma Rússia "asiática", cuja energia se tornaria cada vez mais difícil de conduzir e canalizar de forma organizada e construtiva. A rigor, os atos de selvageria cometidos pelos europeus, na própria Europa e fora dela, são evidentes demais para serem atribuídos a pessoas de outros continentes.

Imediatamente após a vitória da revolução, antes mesmo da abdicação do tsar e de seu irmão, duas iniciativas pretenderam assumir a direção e a condução política dos acontecimentos.

De um lado, no Palácio Tauride, onde funcionava a Duma Imperial, com a anuência dos partidos ali presentes, constituiu-se um Governo Provisório programaticamente hegemonizado pelo Partido Constitucional-Democrático, os kadetes, presidido pelo príncipe liberal Georgy Lvov. Foi preciso vencer muitas hesitações, pois os liberais, liderados por Miliukov, apostavam na hipótese de uma monarquia constitucional e dela só desistiram depois da dupla abdicação dos Románov. Um pouco antes, aliás, um episódio mostraria a distância daqueles parlamentares em relação às massas do povo: quando se soube que os rebeldes se dirigiam para o Palácio, houve apreensão e mesmo pânico entre muitos deputados — os manifestantes iriam solicitar apoio dos deputados ou massacrá-los?[7]

Em outra ala do mesmo palácio, acionando-se a memória de 1905, tomaria corpo outra instituição: o soviete de deputados operários. Pouco depois, a presença de representantes dos soldados o transformaria em Soviete de Operários e Soldados de Petrogrado.

Apesar das propostas — e das pressões — liberais, o soviete não aceitou de pronto participar do Governo Provisório. A imensa maioria dos revolucionários socialistas acreditava, então, que a Rússia era uma sociedade demasiadamente atrasada para almejar uma revolução de caráter socialista.

Os socialistas marxistas, de longa data, e consensualmente, concebiam a revolução em duas etapas: a democrático-burguesa e a socialista-proletária. Nesse esquema, a Revolução de Fevereiro abria a primeira etapa. Interessante, porém, é observar a evolução dos socialistas revolucionários, que, ao aderir, na prática, a essa concepção, abandonavam suas tradições favoráveis a um socialismo "russo", "agrário". Como se verá, ao longo de 1917, insatisfeitos com tal postura, rompendo com ela, setores dos SRs formariam uma ala de esquerda, os "SRs de esquerda".

Caberia à burguesia e a seus partidos, em toda uma primeira fase histórica, a condução do processo revolucionário. Os sovietes deveriam fiscalizar, controlar e apoiar o Governo Provisório, desde que fossem consideradas e respeitadas as demandas e os interesses das camadas populares. Houve uma única exceção: Alexander Kerenski, eleito vice-presidente do soviete, que, com aprovação de sua plenária, assegurou o lugar de ministro da Justiça do primeiro Governo Provisório. Como ele era deputado na Duma pelo Partido Trabalhista (*Trudoviks*), e seu prestígio pessoal era grande, o acontecimento foi assimilado.[8]

O interessante é que os partidos políticos, atores secundários ao longo da insurreição, muito rapidamente se apropriaram de seus resultados. No âmbito da Duma, em suas relações com o Governo Provisório, tratava-se de algo óbvio, dada a estruturação do Parlamento em organizações partidárias. No contexto do soviete, porém, foi também fulminante a maneira como os partidos revolucionários, saídos das sombras da clandestinidade, "colonizaram" o Soviete de Petrogado,[9] organizando e pautando as reuniões e ocupando sua comissão executiva e demais comissões especializadas. Em parte, foi um resultado das dificuldades enfrentadas pelo soviete para fundar uma institucionalidade autônoma. Mas o fenômeno deve ser igualmente atribuído à organização e à consistência próprias dos partidos, uma vez que foram eles os responsáveis pela elaboração de propostas concretas e que desfrutavam de prestígio por suas lutas históricas contra a autocracia. Isso não significou, contudo, que os partidos passassem a "dominar" o soviete de forma incontrastável. No processo da revolução, até outubro, o Soviete de Petrogrado, e os demais por todo o país, manteria uma dinâmica própria. Sua principal fraqueza, ou seja, a inexistência de uma estrutura institucional organizada, autônoma, com regras definidas, era compensada pelo interesse e pela atenção — quase o fervor —, e também pela irreverência, com que os deputados dos operários e dos soldados acompanhavam as questões em debates quase sempre acalorados e as principais votações. Raramente se deixavam enganar, intervindo com frequência com aplausos e vaias, quase sempre favorecendo os discursos e as propostas mais radicais. As discussões, não raro, punham as lideranças partidárias na defensiva. Por mais convencidas que estivessem a propósito de seus pontos de vista, eram obrigadas a considerar e a respeitar aqueles "parlamentos plebeus", cujas reuniões em geral se assemelhavam mais a comícios do que a discussões organizadas.

Num contexto mais amplo, essa dinâmica, impregnada de uma consciência de cidadania ativa, caracterizaria a sociedade russa ao longo do ano de 1917, impressionando viajantes e espectadores estrangeiros de diversas orientações e deixando rastros nas memórias escritas mais tarde sobre os acontecimentos. Como observou Marc Ferro, era como se cada russo se investisse da condição de portador de um projeto político de "salvação" do país e do mundo.[10] Num contexto de absoluta liberdade de organização e de expressão, a Rússia se tornaria, naquele ano "quente", a sociedade mais livre do mundo.

Para além de suas divergências e acordos, o Governo Provisório e o Soviete de Petrogrado, na tentativa de administrar aquele poderoso fluxo de energias cívicas, candidataram-se à direção política da revolução. De acordo com essa interpretação, pioneiramente apresentada por Trótski, constituiu-se uma tradição histórica e política de ancorar na existência desse duplo poder uma das chaves principais de compreensão dos acontecimentos que se desdobrariam a partir dali.[11] Como se o vazio proporcionado pela queda da autocracia estivesse destinado a ser preenchido por essas duas instituições opostas e complementares.

O desenrolar do processo, contudo, como se verá, seria muito mais complexo. A ambição de dirigir a sequência dos acontecimentos não se sustentou por muito tempo. O duplo poder em Petrogrado seria muito rapidamente substituído, na capital do império e em toda parte, por um processo de "múltiplos poderes", ensejando o deslizamento da sociedade — e do poder — para uma situação de descontrole e desgoverno muito próxima ao caos.

A raiz desse processo, não devidamente observado por testemunhas de época nem por políticos e historiadores depois, estava na natureza do poder tsarista, patrimonialista, totalizante.[12] Ao fender-se e desaparecer, derrubada pela insurreição revolucionária, a autocracia não deixou como herança um conjunto de instituições e corpos intermediários, o que acabaria ensejando, ou melhor, determinando, um processo de fragmentação e pulverização de microcentros de poder que, nas condições vigentes, de guerra e de radicalização de contradições sociais e políticas, tornaria extremamente difícil a construção de uma experiência histórica marcada com o selo do reformismo moderado, da democracia institucional e do pluralismo partidário.

Seria preciso ainda dizer algumas palavras sobre duas limitações relevantes que marcaram a Revolução de Fevereiro. É certo que seus efeitos, através do telégrafo e das estradas de ferro, espalharam-se celeremente por todo o império, suscitando apoios entusiasmados e desarmando resistências. A revolução, porém, desencadeou-se e triunfou na capital, Petrogrado. Processo semelhante ocorreu também em Moscou. Uma revolução urbana, portanto, numa sociedade em que cerca de 85% das pessoas habitavam o mundo rural. Como reagiria a imensa massa dos mujiques, inclusive os milhões que, uniformizados, serviam nas trincheiras ou se aquartelavam nas cidades? Em Petrogrado, como vimos, os soldados aderiram à revolta no quarto dia e foram decisivos para a vitória da insurreição. Era uma incógnita, contudo, saber como reagiriam os que estavam nas frentes de batalha às notícias da queda da autocracia. A revolução abria horizontes novos para a defesa de seus interesses, mas ela não tinha sido feita diretamente por eles.

Além disso, e essa é a segunda limitação, foram apenas os russos que participaram ativamente da derrubada da autocracia. Ora, as nações não russas, de acordo com estatísticas da época, constituíam quase metade da população do império. Em 1905, elas tinham surgido como poderosos fatores de desagregação, tanto da autocracia como do império. O mesmo tornaria a ocorrer?

Os "homens de fevereiro", embora tivessem chegado a acordos imediatos, eram muito diversos entre si. No Governo Provisório e no Soviete, alinhavam-se desde monarquistas constitucionais até socialistas radicais. Quantos, no entanto, estariam dispostos a abrir mão da unidade do império que acabava de desmoronar? Quantos estariam dispostos a reconhecer, sem reservas, a independência das nações que viviam oprimidas e subjugadas no malsinado "cárcere dos povos"?

Uma última observação sobre a Revolução de Fevereiro diria

respeito à relativa — e paradoxal — obscuridade em que mergulhou, como uma espécie de limbo, do ponto de vista das reflexões políticas e dos estudos históricos. Afinal de contas, apesar de profundamente diferentes entre si, a revolução que se seguiu, em outubro, só foi possível graças à de fevereiro. Sem esta, impossível imaginar aquela.

Entretanto, em virtude do alcance histórico de seus resultados, e de ter se transformado em berço legitimado do comunismo soviético, outubro concentrou as atenções e tendeu a eclipsar fevereiro, cujos horizontes indecisos, imprecisos e, finalmente, inconclusos se perderam, em larga medida, nas brumas do passado, provavelmente porque as aspirações e as esperanças que suscitou, a aventura democrática que ela apenas anunciou, e enunciou, jamais se realizaram.[13]

3. De março a agosto: as crises revolucionárias

Na historiografia sobre o ano de 1917, entre partidários e inimigos da revolução, há uma tendência a imaginar os acontecimentos que se desdobraram depois de março com a marca da inevitabilidade, como se estivesse em curso um processo de radicalização inexorável. Trata-se, evidentemente, de um procedimento próprio da história retrospectiva.

Como se verá, as crises revolucionárias que se sucederam entre março e agosto encadeiam-se segundo circunstâncias e decisões construídas pelos atores políticos e sociais em disputa. Foram essas circunstâncias e decisões que, finalmente, conduziram ao desenlace de outubro, inimaginável e inconcebível logo depois da queda da autocracia para a imensa maioria das lideranças e militantes, sem falar das pessoas comuns.

Algumas características distinguem a conjuntura que se segue à vitória da Revolução de Fevereiro e estão presentes até, pelo menos, o fim de março.

Há certa perplexidade, mesclada com deslumbramento e euforia: o tsarismo saíra de cena, deslizando para o passado. Em seu lugar, abriu-se um processo inaudito de desintegração do poder e de fragmentação política, gerando uma cacofonia inédita, como se cada pessoa ou grupo de pessoas — adquirindo a condição de uma cidadania, afinal, reconhecida e consagrada juridicamente — se julgassem aptos a formular propostas sobre o futuro e o destino da sociedade.

A diversidade partidária e as dissensões no interior de cada partido são expressões políticas desse terremoto social e se exprimirão, entre outros meios, por intermédio de órgãos específicos de imprensa.[1] Não se trata de algo que singularize a cidade de Petrogrado. A multiplicidade de poderes e o emaranhado de contradições sociais e políticas estendem-se com vigor às cidades e, depois, num segundo momento, às regiões rurais. As tentativas de estabelecer centros alternativos, organizadores ou coordenadores, casos do Governo Provisório e do Soviete de Petrogrado, não conseguiram deter ou paralisar, nem sequer em Petrogrado, as poderosas ondas centrífugas que tomaram conta da sociedade como um todo. Ao mesmo tempo, é visível o caráter hesitante dos atores em cena, tateando o terreno, compartilhando dúvidas, aceitando alianças e tarefas comuns, antes que novos eventos substituíssem a convivência fraternal pelo antagonismo visceral.[2] Contraprovas de como foi surpreendente a vitória revolucionária.

Quanto às bases da sociedade, a pesquisa sobre a torrente de propostas de soldados, operários, camponeses enviados ao Soviete de Petrogrado nos primeiros dias de março mostra notável circunspecção. Os operários reivindicam tratamento respeitoso, eliminação dos abusos comuns e correntes (revistas, multas), pequenas melhorias nas condições de trabalho e de vida. No contexto do abastecimento precário (racionamento drástico) e da inflação descontrolada, nada mais moderado. Os soldados nas frentes de batalha solicitam iniciativas com vistas a estabelecer uma paz justa, mas enfatizam que, como patriotas que eram, não abandonariam as trincheiras.[3] É verdade que as nações não russas, em particular os ucranianos e os finlandeses, logo ocupariam o proscênio com propostas de autonomia, mas, mesmo aí, prevalecem ambições restritas e um tom moderado. Quanto aos camponeses, imensa maioria do país, talvez porque as notícias não tenham chegado a muitas áreas rurais com a devida nitidez, revelam, para além do registro de certo número de "desordens", um nível de atividade relativamente baixo.

Outros aspectos com impacto relevante no futuro merecem registro, inclusive porque nem sempre recebem a devida consideração.

O Governo Provisório, uma vez constituído, formulou uma série de decretos de grande alcance histórico — liberdades civis, liberdade de expressão e de organização, igualdade jurídica inclusive para os não russos, jornada de trabalho de oito horas, reconhecimento legal dos comitês de fábrica,[4] anistia geral, publicação da lista de agentes da polícia política,[5] reconhecimento da independência da Polônia, entre outros. Evidenciando a atmosfera de conciliação, o reconhecimento dos interesses dos trabalhadores foi expresso em convenção assinada pela Associação dos Industriais e o comitê executivo do Soviete de Petrogrado. Já a publicação da lista dos colaboradores da polícia política suscitou grande comoção, sobretudo porque envolvia personalidades consideradas acima de qualquer suspeita. Entretanto, ao contrário das expectativas de seus membros, e de Kerenski em particular, as medidas não lhe granjearam o respeito e o prestígio esperados, em razão de terem sido consideradas "naturais", decorrentes do fim da autocracia. Configurava-se, assim, e desde o início, o fato de que as camadas populares — soldados, camponeses e operários — estabeleciam uma relação de suspeição com o Governo Provisório, avaliado por elas como uma peça integrante de uma institucionalidade ocupada pelas elites tradicionais e que, por isso mesmo, por lhes escapar do controle, não eram merecedoras de confiança.

Entre as forças conservadoras, os principais partidos representados na Duma tomariam parte ativa na constituição do Governo Provisório, encabeçado pelo príncipe Lvov, de orientação liberal. O líder dos kadetes, Pavel Miliukov, e o dos outubristas, Alexander Guchkov, ocupariam, respectivamente, o Ministério das Relações Exteriores e o estratégico Ministério da Guerra, que controlava as indústrias de armas e munições. É discutível, no entanto, a medida exata em que os proprietários de indústrias e de terra, assim como os dirigentes da administração civil e militar, apoiaram o Governo Provisório. Havia ali mais uma expectativa positiva, e mesmo assim com reservas, do que um apoio real e decidido. Como se verá, tais reservas, principalmente entre os comandantes militares, iria converter-se, mais cedo que tarde, em oposição velada ou aberta.[6]

No âmbito do Soviete de Petrogrado, caberia observar, por um lado, a predominância dos soldados em relação aos operários, traduzida numa representação desproporcional dos primeiros em relação aos segundos. Na época, em Petrogrado, havia cerca de 400 mil operários e de 250 mil soldados aquartelados. Os operários se faziam representar no soviete numa proporção de um deputado por mil trabalhadores. Já entre os soldados, prevaleceu o critério de um representante por companhia. Isso resultou em uma super-representação dos soldados: não raro havia nas reuniões do soviete o dobro, às vezes o triplo, de deputados soldados em relação aos deputados operários, situação tanto mais incongruente em função de os operários sobrepujarem os soldados em número. Mais tarde, a proporcionalidade foi parcialmente corrigida, mas os soldados mantiveram uma superioridade numérica não correspondente a seu peso específico. Por outro lado, depois de fevereiro, os operários, de modo geral, permaneceram trabalhando nas fábricas, o que lhes subtraía tempo para participar de passeatas ou mesmo das reuniões — com frequência intermináveis — dos sovietes. Já os soldados, libertos da tutela dos oficiais e dos exercícios de ordem unida, tinham margens bem maiores para participar de reuniões e manifestações. Assim, em certos momentos, pelo menos em Petrogrado, aquela revolução iria parecer mais de soldados do que de operários.[7]

Por outro lado, ao avaliar a dinâmica do Soviete de Petrogrado, o que se observa é uma nítida — e rápida — predominância dos comitês executivos em relação às reuniões plenárias. Estas agrupavam, por vezes, 2 mil a 3 mil deputados, transformando-se frequentemente em comícios caóticos. Por essa razão, o trabalho prático começou a ser transferido para comitês que se autonomizavam progressivamente em relação às plenárias que as elegiam ou confirmavam. Além disso, a prevalência de dirigentes ou militantes originários das elites sociais, filiados aos partidos políticos, alcançava um grau de quase monopólio no âmbito dos comitês, sobretudo nas grandes cidades ou nas estruturas panrrussas dos sovietes de camponeses e de operários e soldados, criadas, respectivamente, em maio e junho de 1917. Camponeses, operários e soldados comuns, filiados ou não a partidos políticos, só davam o tom em organismos mais colados às bases, como os sovietes ou comitês de aldeia (no campo), distritais (nas cidades), a Guarda Vermelha, comitês de empresa etc., configurando um processo de "colonização" das lideranças das organizações populares pelos intelectuais, militantes ou dirigentes partidários. Marc Ferro observaria que, em contraste com a experiência de 1905, os órgãos de direção, sobretudo os comitês executivos, tenderiam a ser ocupados principalmente por intelectuais, em detrimento da participação de representantes das classes populares.[8]

A direção política do Soviete de Petrogrado seria constituída de forma plural; dela participaram, desde o início, os principais partidos socialistas e trabalhistas, muitas vezes sem que tivessem sido eleitos, mas indicados ou cooptados. Todos eles, e mesmo os bolcheviques, antes da chegada de Lênin, compartilhavam a ideia, com fundamentação variada, de que se impunha, na "etapa atual" da revolução russa, a hegemonia burguesa. No plano institucional, isso se traduziria na preeminência do Governo Provisório. Aos sovietes caberia, em nome das classes populares, fiscalizar e vigiar o governo, apoiando-o "na medida em que atendesse as demandas populares".

Restaria, para completar o quadro da conjuntura imediatamente posterior à Revolução de Fevereiro, considerar o impacto internacional do fim do tsarismo. Em meio às notícias desencontradas de diplomatas, viajantes e jornalistas, eles também atônitos com os acontecimentos de que eram testemunhas, prevaleceu, na opinião pública e entre os dirigentes políticos e militares, a preocupação com uma eventual saída da Rússia da guerra mediante uma paz em separado com a Alemanha. Era isso que interessava, e inquietava, mais do que qualquer outra coisa.

Com efeito, se a Rússia abandonasse a guerra, as tropas alemãs poderiam se concentrar na frente ocidental e conseguir vitórias decisivas, antes que os Estados Unidos aparecessem no cenário, desequilibrando a correlação de forças a favor da aliança anglo-francesa. Convém recordar que os Estados Unidos somente declararam guerra à Alemanha em 6 de abril de 1917, embora articulações para o ingresso dos americanos na guerra já amadurecessem havia tempos. Essa preocupação, mesmo depois do reforço das tropas americanas, continuou orientando as relações diplomáticas, políticas e econômicas entre os Aliados e a Rússia. Pressões de toda ordem se fizeram sentir desde o início sobre o Governo Provisório e aumentaram de intensidade com o tempo. Quaisquer que fossem a situação, ou as condições de sobrevivência do Governo Provisório, ou as ameaças e os perigos decorrentes de um processo visível de desagregação do poder e das Forças Armadas russas, a chave principal da atitude dos Aliados na Rússia seria manter o país na guerra, a despeito de quaisquer sacrifícios ou de quaisquer riscos que estivesse correndo a frágil e nascente democracia russa.

Em posição simetricamente oposta, a Alemanha atenuaria, pelo menos nos primeiros meses, a pressão militar na frente russa, embora mantivesse seus exércitos alinhados, sem a transferência de tropas para a frente ocidental. O Estado alemão, assim como seus serviços de espionagem e propaganda, iria jogar pesado a favor da desintegração do novo governo russo, inclusive financiando órgãos de divulgação e mesmo grupos ou partidos políticos, independentemente de suas orientações ideológicas, desde que fossem favoráveis à retirada da Rússia da guerra ou a uma paz em separado.

Depois da Segunda Guerra Mundial, a consulta aos arquivos alemães evidenciou esse trabalho. Entre outros, os bolcheviques seriam beneficiários direta ou indiretamente da "ajuda" alemã, não obstante não se tenha comprovado nem que quantias vultosas tenham estado em jogo, nem que tais relações tenham sido, de algum modo, determinantes na condução política dos bolcheviques.[9]

Enquanto o Governo Provisório preferia tergiversar, dando a entender que a guerra mudara de qualidade com a queda do tsarismo e que se tratava, agora, de recuperar os "territórios perdidos" para o inimigo, o Soviete de Petrogrado, em 14 de março, formularia um apelo aos países beligerantes em favor da paz, "sem anexações e indenizações". O documento suscitou pouco ou nenhum eco, tanto da parte dos Aliados (França, Inglaterra e Itália) como do lado dos inimigos (Alemanha, Império Austro-Húngaro e Império Otomano). Da mesma forma, as iniciativas a favor de atos de confraternização nas frentes de batalha, entre soldados alemães e russos, não conseguiram adquirir dimensões importantes e se restringiram a episódios de menor relevância, embora de grande força simbólica.

As intensas pressões diplomáticas dos anglo-franceses, a que se juntaram os diplomatas americanos, acabaram resultando numa nota pública, expedida pelo ministro das Relações Exteriores russo, Pavel Miliukov, em 18 de abril, segundo a qual a Rússia permaneceria na guerra "até o fim", mantendo os compromissos e tratados assinados pelo finado regime tsarista.

A declaração provocou comoção pública, principalmente entre os soldados, que saíram às ruas em protesto, exigindo a clarificação da política do Governo Provisório em relação à guerra e a demissão de Miliukov. Seguiram-se choques de manifestantes e contramanifestantes, com tiroteios nas ruas, provocando mortos e feridos. Desautorizado pelo governo, Miliukov, dias depois, renunciou, assim como Guchkov, que lhe prestara solidariedade.

Entretanto, depois dessas demissões, foi possível efetuar uma proposta, já anunciada no início de março, mas então rejeitada pelo soviete, de integrar ao Governo Provisório representantes populares. Tratava-se de formar uma primeira coalizão entre estes e os representantes dos partidos conservadores

O segundo Governo Provisório (chamado de primeira coalizão), ainda sob direção do príncipe liberal Lvov, incluiria dez ministros burgueses e cinco dirigentes de partidos populares: Mikhail Skobelev e Irakli Tsereteli (mencheviques), Viktor Chernov (socialista-revolucionário), Alexander Kerenski (trabalhista) e Alexei Peshekhonov (Partido Socialista Popular), os quais ocupariam, respectivamente, as pastas do Trabalho, das Comunicações, da Agricultura, da Guerra e do Abastecimento.

Tal mudança concretizava uma aliança, e, como em quase todas as alianças políticas, os diferentes partidos almejavam instrumentalizar-se mutuamente. Para além dessas manobras e expectativas contraditórias, a aliança adquiriu grande alcance — o soviete deixava de ser um órgão exclusivamente de fiscalização e controle para se transformar em parte integrante do governo, corresponsável por suas políticas e eventuais acertos e erros.

Enquanto se desdobrava a crise suscitada pelas declarações de Miliukov, num ponto menor do panorama, mas com grande impacto no futuro do processo histórico que se desenrolava, o Partido Bolchevique realizou duas conferências: a primeira, de seus comitês existentes em Petrogrado, reuniu-se entre 14 e 22 de abril, e a segunda, de caráter panrusso, realizou-se entre 24 e 29 de abril. Em ambas seriam debatidas as chamadas Teses de Abril, redigidas e publicadas por Lênin, logo depois de sua chegada, em 3 de abril. As teses propunham, entre outros pontos, a transferência de todo o poder aos sovietes, com a consequente eliminação do Governo Provisório, a abolição do aparato burocrático civil e militar do tsarismo, a confiscação e a distribuição sob controle camponês de todas as terras, o controle soviético da produção e da distribuição de produtos e a nacionalização dos bancos. Além disso, para enfatizar uma ruptura em relação à social-democracia internacional, os bolcheviques passariam a se agrupar sob a denominação "partido comunista" e se empenhariam na fundação de uma nova Internacional.

Desde sua publicação, as teses de Lênin encontraram grande oposição tanto no partido como, principalmente, fora dele. Entretanto, mediante concessões importantes, foram aprovadas. Lênin, com efeito, abriu mão da mudança de nome do partido e da sugestão de dar início à construção de uma nova Internacional. A perspectiva de construir um "Estado alternativo", inspirado na experiência da Comuna de Paris, também sofreu emendas. Mais tarde, nos meses de julho e agosto, Lênin voltaria à carga com a elaboração de um novo livro, *O Estado e a Revolução*.

Entretanto, a proposta essencial foi preservada — a ideia de uma nova revolução, com os sovietes assumindo todo o poder. Tais decisões fixaram os bolcheviques, ao lado dos anarquistas, como os únicos radicalmente críticos às coalizões e alianças aceitas pelos demais partidos socialistas e populares. Poucos então acreditaram na viabilidade daquele programa. Mas foi ele que assegurou, no contexto da radicalização vindoura das contradições sociais e políticas, o crescimento fulminante dos bolcheviques.

Numa outra dimensão, a aprovação das Teses de Abril consolidou a cisão entre bolcheviques e mencheviques, duas alas que existiam no interior do Posdr desde 1903, quando da realização do II Congresso. Nos dez anos seguintes, houve movimentos de aproximação e de afastamento entre essas alas. Em 1912, numa conferência realizada em Praga, os bolcheviques proclamaram-se como um partido singular. No entanto, quando da Revolução de Fevereiro, ainda em muitos lugares da Rússia, e inclusive em Petrogrado, muitos mencheviques e bolcheviques pensavam-se como um partido único, atribuindo as dissensões mais a idiossincrasias dos dirigentes no exílio do que a divergências de princípio, realmente inconciliáveis. A partir de abril, porém, abria-se uma separação radical entre as duas alas, porque dizia respeito a orientações de incidência imediata nos movimentos sociais em curso.

Em maio e junho de 1917, realizaram-se em Petrogrado quatro grandes reuniões de lideranças populares: o I Congresso Panrusso de Comitês e Sovietes Camponeses, a I Conferência dos Comitês de Fábrica, o I Congresso Panrusso dos Sovietes de Operários e Soldados e a III Conferência Panrussa dos Sindicatos. Eles sintetizaram o estado em que se encontrava a sociedade russa e os movimentos que se produziam em seu interior.

O congresso dos camponeses teve lugar entre 4 e 20 de maio na Casa do Povo. Credenciaram-se 1115 deputados. Quase metade dos delegados declarou-se adepta dos socialistas revolucionários, embora já estivesse em curso uma divisão desse partido, entre SRs de "direita", moderados, e SRs de "esquerda", inclinados às teses defendidas por bolcheviques e anarquistas. Destacam-se a fraca representatividade relativa dos sociais-democratas, partidos urbanos por excelência, e a expressão dos sem partido (um pouco mais de ⅓ dos deputados), o que revelava a força relativa da autonomia do movimento social camponês. O CEC eleito permaneceu atuante até a Revolução de Outubro.[10]

Os deputados camponeses aprovaram a proposta de nacionalização do solo e sua distribuição. Contudo, ao mesmo tempo, recomendaram que os camponeses se abstivessem de ações violentas até a Assembleia Constituinte, que deveria definir uma nova estrutura agrária para a Rússia. Foram recusadas as propostas de expropriação imediata das terras e a transferência de todo o poder aos sovietes, ratificando o novo governo de coalizão e a continuidade da guerra até que fosse possível instaurar uma paz geral, "sem anexações e indenizações".

Nessa altura, os campos já estavam em plena ebulição, e algo semelhante ocorria nas frentes de batalha, mas os deputados camponeses preferiram, por ampla maioria, posições moderadas.

Quanto aos comitês de fábrica,[11] foram aprovadas as propostas redigidas por Lênin relativas à delegação de todo o poder aos sovietes, ao armamento dos operários e ao controle destes sobre a produção, o comércio e as finanças. A radicalização dos operários e a hegemonia bolchevique no Congresso podem ser interpretadas, pelo menos em parte, como efeito da degradação das condições de vida e de trabalho (desemprego, escassez do abastecimento de produtos essenciais, inflação galopante), apenas atenuadas pelas novas leis trabalhistas.[12]

No Congresso Panrusso dos Sovietes de Deputados Operários e Soldados,[13] a coalizão formada por SRs e mencheviques ganhou a hegemonia e aprovou o apoio ao Governo Provisório e a iniciativas de paz que abrangessem todos os beligerantes. Enquanto isso não fosse possível, e uma vez que se recusou uma paz em separado com a Alemanha, a "nova" Rússia se manteria numa guerra concebida como um ato de defesa da revolução e das liberdades que ela garantia. As propostas bolcheviques foram também derrotadas por grande maioria.[14]

No entanto, numa ampla manifestação pública, realizada no dia 18 de junho, destacaram-se as propostas e palavras de ordem de orientação bolchevique, surpreendendo os SRS e os mencheviques, como se, pelo menos em Petrogrado, se anunciasse uma cisão entre as "ruas" e as "alturas" das estruturas soviéticas. Mais tarde, isso seria recordado como um prenúncio das "ventanias que haveriam de vir".

A III Conferência Panrussa dos Sindicatos foi o último grande encontro de lideranças populares.[15] As propostas de mencheviques e SRS foram aprovadas, mas os bolcheviques asseguraram presença importante na direção das estruturas sindicais.[16]

Nos quatro congressos, chamam a atenção a composição social e a orientação política das lideranças e dos delegados presentes. Num contexto plural, quase todos assumem uma identidade socialista, o que estava longe de exprimir o que então se passava na sociedade russa. Por outro lado, era evidente a presença desproporcional de militantes que não eram de origem popular, uma característica já visível em diversas estruturas soviéticas. Assim, no comitê executivo do Soviete de Petrogrado, constituído por 42 membros, apenas oito eram soldados e sete eram operários. Já no bureau executivo do I Congresso Panrusso de Deputados Soldados e Operários, formado por 57 pessoas, havia somente quatro operários, um marinheiro e seis soldados, ou seja, pouco menos de ⅕. Detalhe: nenhum deles usou da palavra.[17]

O mesmo fenômeno ocorria entre os partidos populares. Marc Ferro observou que, no Comitê Executivo dos SRS, conhecidos como um partido "camponês", havia apenas um agricultor e um operário ao lado de dezenove intelectuais. Quanto aos bolcheviques, entre seus trinta principais dirigentes, só seis elementos provinham das camadas populares.[18]

A dialética entre intelectuais e lideranças populares tem merecido a atenção de pesquisadores e pensadores. Os mais conservadores tendem a falar de uma "instrumentalização" das lideranças, reduzidas a "massa de manobra", pelos intelectuais. Muitas vezes, entretanto, a dinâmica dos "de baixo" literalmente empurrou os intelectuais a assumir posições mais radicais ou, não o fazendo, os obrigou a se retirar do proscênio. A flexibilidade das estruturas soviéticas condicionou decisivamente esse processo: a maioria dos deputados não tinha mandato fixo, e mesmo nas estruturas centrais os mandatos eram curtos, pelo menos durante 1917. Outro condicionante relaciona-se ao fato de que a sociedade russa, na época, era basicamente iletrada: a maioria esmagadora das lideranças populares não tinha experiência do domínio do verbo, falado ou escrito. Assim, era comum se retraírem, em particular nos grandes eventos. Feita a ressalva, é impossível não refletir sobre a preeminência dos intelectuais, ínfima minoria na sociedade, no controle dos comandos dos sovietes, em particular suas estruturas centrais.

Determinar se havia sintonia efetiva dos congressos com o que se passava na sociedade pode também ser objeto de controvérsias. Não houve questionamentos sobre as eleições dos deputados ou delegados aos congressos. As manifestações de rua e os debates e resoluções dos comitês mais próximos das bases sociais, tanto urbanos como rurais, já exprimem, porém, e desde junho, um processo de radicalização e de acentuação das desconfianças em relação ao Governo Provisório e às próprias estruturas centrais dos sovietes rurais e urbanos.

Ignorando esses indicadores, o Governo Provisório (primeira coalizão), liderado na prática por Kerenski, então designado como ministro da Guerra, em anuência com o CEC do I Congresso dos Sovietes, optaria por uma grande ofensiva militar destinada a atingir um objetivo triplo: restaurar a capacidade combativa do Exército, instilar confiança na retaguarda e atenuar ou neutralizar os temores dos Aliados quanto à permanência da Rússia na guerra. O terceiro objetivo era fundamental para restaurar o fluxo de fornecimentos estrangeiros de armas, munições, máquinas e peças de reposição para as tropas e indústrias russas.

A ofensiva, desencadeada em 18 de junho, na frente sudoeste, depois de registrar pequenas vitórias, resultou num imenso fracasso. A contraofensiva alemã, de 6 a 10 de julho, foi um desastre para as tropas russas. No total, uma perda de 400 mil homens, entre mortos, feridos e prisioneiros. E mais duzentos quilômetros de territórios nas mãos dos inimigos. Alguns generais, hostis à revolução, como Anton Denikin, enfatizariam que a derrota fora resultado da indisciplina dos soldados e do papel deletério desempenhado pelos comitês de soldados. Estes, por sua vez, sublinhariam como decisivas a concepção voluntarista da ofensiva, a desorganização do Exército, a incompetência dos comandos e a insuficiência logística, em especial de armas e munições.

Contudo, antes mesmo que tal fracasso se tornasse conhecido, notícias alarmantes a respeito da mobilização de tropas aquarteladas nas cidades para as frentes de batalha exasperaram os soldados em Petrogrado. Correu a informação de que as unidades militares mais radicalizadas — favoráveis à revolução — seriam enviadas para a guerra em missões suicidas, destinadas a enfraquecer as posições revolucionárias na cidade. O clima se tornou ainda mais sombrio com a renúncia dos ministros kadetes do ministério, na noite de 2 de julho, em razão, pelo menos formalmente, do anúncio de que o Governo Provisório reconhecera a autonomia da Ucrânia. Alguns teriam recebido instruções da direção política, mas é possível que notícias sobre o fracasso da ofensiva militar também tenham contribuído para essa decisão, uma forma de os renunciantes não se comprometerem com o desastre que se anunciava.[19]

A iniciativa de uma manifestação aberta — e armada — contra o governo, marcada para o dia 3 de julho, foi tomada pelo I Regimento de Metralhadoras, logo acompanhado por outras unidades militares (os regimentos dos granadeiros e o de Moscou). Posteriormente, as lideranças do processo argumentariam que o armamento dos manifestantes tinha conotação defensiva, com o propósito de inibir uma repressão eventual de tropas leais ao governo. As palavras de ordem eram claras: "abaixo os ministros capitalistas" e "todo o poder aos sovietes". Emissários foram enviados à base militar de Kronstadt para persuadir os marinheiros a participarem do processo e se dirigirem a Petrogrado, com o intuito de reforçar as manifestações previstas. Os revoltosos ganharam o apoio da Seção Operária do Soviete de Petrogrado, que votou, majoritariamente, pela derrubada do Governo Provisório e designou um comitê próprio para articular ligações com os soldados. Na manhã seguinte, dia 4, chegaram à cidade, também armados, os marinheiros de Kronstadt, com banda militar e bandeiras vermelhas à frente. Foram concentrar-se no Palácio Tauride para pressionar o CEC dos sovietes, eleito no mês anterior. As pressões foram infrutíferas. Os mencheviques e os SRs condenaram as manifestações e se recusaram, em nome dos sovietes, a empalmar todo o poder. Criou-se um impasse. Naquela altura, tropas leais ao governo desencadearam tiroteios nas ruas com os manifestantes, o que gerou uma deriva perigosa, propícia ao caos.

Intervieram então as principais lideranças bolcheviques, destacando-se, entre outros, Lênin, Trótski e Lev Kamenev, para recomendar aos revoltosos que recuassem de maneira organizada, freando e apaziguando os mais radicais, desencorajando iniciativas voluntaristas de assalto ao poder, consideradas prematuras e destinadas ao isolamento e à derrota.

Abatidas e desmoralizadas, as tropas que se haviam mobilizado retraíram-se, então, para seus quartéis, a partir do dia 5, retornando os marinheiros para a base de Kronstadt. Já no dia seguinte, chegavam a Petrogrado unidades de combate provindas do front para garantir o Governo Provisório, o Comitê Executivo dos Sovietes e a ordem na cidade.

Encerrara-se a chamada "crise de julho". Começariam, imediatamente, as batalhas de interpretação dos acontecimentos.

Nas versões defendidas pelas forças conservadoras, em larga medida apoiadas e encampadas por Kerenski, e mesmo pelos líderes SRs e mencheviques, a crise foi atribuída a uma orientação bolchevique para "tomar o poder". O principal argumento baseava-se no fato de que as unidades militares rebeladas e a própria seção operária do Soviete de Petrogrado eram hegemonizadas pelos bolcheviques, destacando-se o trabalho visível de lideranças do partido na mobilização e organização das gentes. Eram citados, entre muitos outros, o letão Martin Latsis, o lituano Ivars Smilga, então o principal dirigente bolchevique na Marinha de Guerra russa, Nikolai Podvoisky e V. Nevski, importantes dirigentes do Comitê Militar do partido.

Por outro lado, denunciava-se igualmente que os manifestantes, antes de se dirigirem ao Palácio Tauride, sede da organização soviética central, teriam passado pelo quartel-general bolchevique, ouvindo aí discursos de incentivo e de encorajamento.[20] Em resumo: houvera uma tentativa de "golpe" contra as instituições, cujos antecedentes e consequentes urgia esclarecer. Para agravar o quadro, surgiu a denúncia de que o complô fora articulado com a participação do Estado-maior alemão, que, em parte, financiara os bolcheviques. Recuperou-se, então, o regresso de Lênin e de outras lideranças partidárias com ajuda alemã para evidenciar cumplicidades inconfessáveis entre bolcheviques e alemães.

Muito então se discutiu sobre a lenda do "trem blindado",

que, saindo de Zurique, atravessou a Alemanha rumo à Suécia, ganhando a Finlândia e, daí, a Rússia. Não houve, com efeito, nenhum "trem blindado", mas sim um acordo, elaborado por socialistas suíços e autoridades alemãs, por meio do qual se conferia a condição de extraterritorialidade ao vagão onde viajavam os revolucionários russos. Houve ali uma convergência de interesses entre os revolucionários russos, ansiosos por voltar ao seu país para participar do processo político que se desdobrava, e as autoridades alemãs, que não ignoravam o potencial desagregador que tal atividade iria eventualmente provocar na Rússia. Uma proposta anterior de chegar à Rússia através da Inglaterra e da França havia sido recusada pelos respectivos governos.

A polêmica reside no fato de que apareceram depoimentos, publicados pela imprensa, de supostos espiões que asseveravam conhecer os circuitos por meio dos quais o "ouro" alemão financiava as ações bolcheviques. A infâmia propagou-se como fogo em campina seca. A maioria dos socialistas moderados não entrou explicitamente nesse jogo, mas tampouco o denunciou, salvo o venerável Gueorgui Plekhanov, que atacou com a última energia os bolcheviques e, em particular, Lênin, antigo amigo e companheiro, convertido em desafeto. Cresceu, então, na opinião pública, sobretudo entre as elites sociais, a convicção de que os bolcheviques eram aliados dos alemães e de que Lênin não passava de um "agente" a soldo. Na sequência, jornais bolcheviques foram fechados ou empastelados, sedes do partido, invadidas, e vários dirigentes bolcheviques, como Kamenev, ou próximos, como Trótski, foram presos, respectivamente, em 9 e 23 de julho. Trótski estava na Rússia desde o começo de maio de 1917. Próximo dos mencheviques internacionalistas, liderados por Martov, preferiu, porém, constituir uma organização de quadros, conhecida como Interdistrital, com muitas afinidades com os bolcheviques, sobretudo em relação à decisiva questão acerca da necessidade de uma "segunda revolução", ou seja, da transferência de todo o poder aos sovietes. No final de julho, essa organização ingressaria no Partido Bolchevique, por ocasião de seu sexto congresso. Lênin e Grigori Zinoviev, entre outros, preferiam voltar à clandestinidade.[21] Depois de passar por vários lugares improvisados, Lênin escondeu-se no vilarejo de Razliv, perto da cidade de Sestroretsk, no golfo da Finlândia, cerca de trinta quilômetros a noroeste de Petrogrado. Dali continuou a acompanhar os acontecimentos, escrevendo cartas e documentos políticos e exercendo grande influência sobre seus camaradas. Foi então que escreveu seu clássico *O Estado e a Revolução*.

Segundo a versão bolchevique, oficial depois da vitória de outubro, e enquanto durou a União Soviética, a crise de julho resultou de movimentos espontâneos de tropas e de operários movidos pelo acirramento das contradições sociais, as quais os bolcheviques tentaram controlar desde o início e canalizar para, num segundo momento, orientar o recuo. Atribui-se ênfase ao papel de Lênin: desde o dia 27 de junho, ele descansava no vilarejo de Neivoda, na Finlândia, próximo de Petrogrado, numa pequena datcha de Vladímir Bonch-Bruevich, um velho bolchevique, sem que tivesse nenhum conhecimento prévio dos acontecimentos. Assim que se inteirou, retornou a Petrogrado, onde, em seguidas oportunidades, desaconselharia iniciativas consideradas voluntaristas de "tomada do poder", recomendando prudência e circunspecção e orientando o recuo para evitar o isolamento e uma derrota estratégica da perspectiva revolucionária.

À luz das evidências disponíveis, as versões mencionadas, antagônicas e polarizadas, explicam-se mais no contexto da luta política do que no da compreensão histórica.

Os movimentos que desencadearam a "crise de julho" não tiveram nada de espontâneo. Resultantes de articulações de unidades militares radicalizadas, ganharam apoio da seção operária do Soviete de Petrogrado e foram incentivadas e lideradas por dirigentes bolcheviques. É fato que Lênin não estava em Petrogrado e não participou das decisões iniciais que detonaram o movimento. Ao chegar, no entanto, levou algum tempo para tomar decididamente o caminho do recuo, fosse porque não queria desmoralizar os camaradas radicais, nos quais se apoiava e dos quais era o líder, fosse porque precisava reunir informações que lhe fornecessem uma visão de conjunto mais clara. Entretanto, mesmo depois de se comprometer com o recuo, teve o cuidado de preservar os que lideraram o movimento de revolta, sob o clássico argumento de que "os que não assumem riscos nunca vencem. Sem derrotas, não pode haver vitórias".[22]

A crise de julho também é elucidativa por mostrar que a radicalização em curso não era consequência exclusiva da agitação bolchevique ou do comando de lideranças conhecidas. Em outras palavras, ela não foi conduzida "pelo alto". Foi vertebrada por contradições enraizadas no tecido social, do qual os bolcheviques eram expressão e não causa eficiente. A ebulição veio "de baixo", fermentou e foi articulada nos subterrâneos invisíveis da sociedade, e, quando se tornou visível, desabrochou nos quartéis e nas ruas.

Além disso, os acontecimentos revelam que os bolcheviques não constituíam um partido monolítico, coeso e militarmente comandado. Seus militantes e suas estruturas demonstraram notável autonomia, flutuando em posições desencontradas, avançando, meditando, recuando, respeitando e ouvindo as lideranças, sem curvar-se diante delas, mesmo a de Lênin, como máquinas obedientes. A ampliação vertiginosa do partido no período explica parcialmente o fenômeno, porém não esgota a questão, devida também, e em grande parte, à autonomia das organizações de base (comitês distritais e sovietes locais) e dos próprios dirigentes intermediários bolcheviques, que não eram, nunca foram, ovelhas nas mãos de pastores autonomeados.

Uma nova conjuntura se abriu, a partir da primeira semana de julho, em virtude das características e das consequências da crise. O Governo Provisório tratava de se reorganizar. Não apenas os ministros kadetes renunciaram: também o príncipe Lvov, em 8 de julho, passou a chefia do ministério a Alexander Kerenski. Difíceis negociações prolongaram-se até o dia 23 daquele mês, quando foi anunciado um novo governo, formado por oito socialistas e sete liberais. Era o terceiro Governo Provisório em apenas cinco meses. Emergia a segunda coalizão: os socialistas moderados, que representavam os SRs e os mencheviques, não apenas permaneceram no governo, como assumiram a maioria das pastas, comprometendo-se de maneira irreversível com suas políticas. Kerenski aparecia como o grande vencedor, ao acumular a chefia do governo e o Ministério da Guerra (Exércitos e Marinha). Atingira o zênite, e sobre ele comentou, crítica e ironicamente, um contemporâneo: "Kerenski nunca voou tão alto; resta saber quando e onde irá aterrissar". Ao seu lado, estavam as figuras mais relevantes de Nikolai Nekrássov, nas Finanças, e Mikhail Tereshchenko, nas Relações Exteriores, ambos não socialistas. Tchernov continuou no estratégico Ministério da Agricultura, mas os demais ministros socialistas pareciam destinados antes a compor a moldura de um quadro do que a exercer papéis relevantes.

Os setores mais radicais, representados por soldados e operários, protagonistas da crise de julho, ficaram na defensiva, bastante desorientados, mas não se desorganizaram completamente. Bateu um forte vento repressivo, cuja maior expressão, mas não a única, foi o restabelecimento da pena de morte, em 12 de julho. O Partido Bolchevique sofreu duro revés, contudo não foi obrigado, como conjunto, a cair numa rigorosa clandestinidade. Manteve-se em funcionamento. Seus jornais, pouco a pouco, com outros nomes, voltaram a ser publicados. E a maioria de seus dirigentes ficou em liberdade, numa semilegalidade.

O principal impacto desse novo contexto entre os bolcheviques foi uma mudança importante na orientação política geral do partido. Lênin, como sempre, liderou a reviravolta. Tratava-se, essencialmente, de abandonar a proposta de transferir todo o poder aos sovietes e superar a expectativa numa transição revolucionária pacífica ou fundamentalmente pacífica. A revolução seria decidida pelo enfrentamento armado. Daí se concluía que se tornava prioritário preparar ativamente o partido para, em circunstâncias propícias, desencadear uma insurreição revolucionária apoiada nos comitês de fábrica e nas lutas camponesas, em especial das suas camadas mais empobrecidas. Essa descrença de Lênin no potencial revolucionário dos sovietes não foi, porém, unânime. Houve muitas dúvidas, com a aprovação frequente de resoluções a meio caminho, denunciadas por Lênin como "estúpidas e ingênuas".

O VI Congresso do Partido Bolchevique seria o foro adequado para validar uma nova orientação. Realizado entre 26 de julho e 3 de agosto, reuniu 175 delegados de 112 organizações, com 177 mil militantes registrados. Já não se tratava mais de um partido de revolucionários de elite, "profissionais", e sim de massa, integrando os setores mais radicais que o processo fizera despontar. O debate foi aceso e tenso. A proposta de Lênin foi, afinal, aprovada, apesar das resistências. Uma vez que os SRs e os mencheviques haviam aderido à burguesia, do ponto de vista dos proletários revolucionários e dos camponeses pobres, era premente preparar-se para uma revolução armada. Assim, no lugar de todo o poder aos sovietes, os bolcheviques passariam a falar da necessidade de haver "completa liquidação da ditadura contrarrevolucionária da burguesia". Em termos de organização, com vistas a uma futura insurreição, os comitês de fábrica passavam a ser prioritários, sobretudo nas grandes cidades.

As políticas e atitudes do Governo Provisório e seus aliados contribuíram, sem dúvida, para a radicalização dos espíritos. No campo da chamada democracia, reunindo então o conjunto dos partidos socialistas, brotaram iniciativas e movimentos de "frente", defensivos, como se instintivamente houvesse a percepção de que, embutido na perseguição desabrida aos bolcheviques, se poderia armar um golpe que, instaurando uma ditadura, fosse capaz de derrubar o conjunto das promessas e realizações da Revolução de Fevereiro. As inquietações no campo popular tinham fundamento: de um lado, aprofundava-se a degradação das condições de vida e de trabalho dos operários. De outro, nas frentes de batalha, a restauração da pena de morte cheirava à restauração da velha ordem tsarista.

Observando as articulações e os discursos das forças mais conservadoras — como a União dos Proprietários de Terra, a União Panrussa do Comércio e da Indústria, a União dos Oficiais do Exército e da Marinha de Guerra, a Liga Militar e a União dos Cavaleiros de São Jorge —, alguns historiadores viram se constituir na Rússia algo próximo ao fascismo, que se desenvolveria alguns anos mais tarde na Itália: derrota momentânea das forças populares mais radicais, ativação das tradições, políticas repressivas, culto a homens providenciais, mobilização das alturas civis e militares do Estado, cumplicidade da Igreja ortodoxa, inatividade dos socialistas moderados — tudo isso teria contribuído para a emergência de uma espécie de protofascismo, ou um fascismo *avant la lettre*.[23]

Talvez sem perceber os perigos, Kerenski, para consolidar seu poder pessoal e legitimar a nova coalizão, convocou para o mês de agosto uma grande Conferência de Estado, a se realizar em Moscou. A escolha da capital imperial assustou os socialistas de todas as orientações. Seria uma sugestão de abandono da capital revolucionária, Petrogrado? A inquietação ficou patente quando se soube da composição da conferência. Entre os 2500 participantes, os representantes dos sovietes de operários, soldados e camponeses estariam afogados num mar de instituições veneráveis: representantes das quatro dumas imperiais, comitês da indústria, do comércio e da agricultura, das Forças Armadas, das dumas municipais, dos *zemstvos*, das cooperativas e da Igreja ortodoxa. Os bolcheviques recusaram-se a participar e decretaram greve geral em Moscou, em protesto, o que não chegou a abalar o ânimo dos conservadores.

A encenação, no entanto, não beneficiou Kerenski, e sim ao general Kornilov, nomeado comandante em chefe das Forças Armadas russas em julho. De origem cossaca, destemido, aureolado pela fuga de um campo de prisioneiros em 1916, considerado republicano, por ter aderido à Revolução de Fevereiro, Kerenski o apresentara como um "general do povo". O que ele não esperava é que o general do povo o ofuscasse em Moscou. Com um discurso agressivo, Kornilov conclamou à volta da ordem e da disciplina. Em sua concepção, a Rússia tinha três "exércitos": o das frentes de batalha, o da retaguarda e o dos transportes, que fazia ligação entre os dois primeiros. Para ele, tudo deveria ser militarizado, e, se fosse o caso, dissolvidos os sovietes e comitês em nome dos interesses superiores da nação, que urgia salvar. Kornilov foi ovacionado no plenário da conferência, sob os olhares constrangidos dos representantes dos soviets presentes.

Na sequência, azedaram-se as relações entre Kerenski e Kornilov. Quando o primeiro, desconfiado das articulações do segundo, resolveu demiti-lo de suas funções, em 27 de agosto, o general reagiu com uma tentativa de golpe de Estado no dia seguinte. Foi um fracasso lamentável, como as expedições enviadas pelo tsar a fim de liquidar a Revolução de Fevereiro. Já em 30 de agosto, o golpe fora vencido.

Em contraste, no processo de resistência, num reflexo de sobrevivência, reativaram-se as alianças entre socialistas de todas as cores. Operários e soldados, organizados nos soviets, comitês, guardas vermelhos e demais organizações populares de todos os tipos, uniram-se de modo inequívoco. Todos os partidos em conjunto, incluindo os bolcheviques, que se destacaram no processo e seriam os maiores beneficiários da derrota de Kornilov, barraram o golpe e salvaram o governo de Kerenski, cujo prestígio, todavia, não resistiu à vitória.

Entre as elites sociais e as forças conservadoras, Kerenski tornou-se odiado, mais do que nunca, por ter demitido Kornilov, o homem forte que elas desejavam entronizar no poder. Nas camadas populares, ele não teve melhor sorte. Afinal de contas, Kornilov fora criatura sua. Isolado em seus palácios, e até sua deposição definitiva, pela Revolução de Outubro, Kerenski transformou-se em uma espécie de fantasma de si próprio.

4. A Revolução de Outubro

A derrota do golpe de Kornilov, no final de agosto, desencadeou um surto de radicalização política e social em toda a Rússia, em especial em Petrogrado. No campo, o processo da revolução agrária, acelerado desde agosto, ganhou maior dinamismo no mês seguinte. Aprofundou-se a desconfiança, que já era grande, das camadas populares em relação às elites sociais, ao Governo Provisório e, em particular, a Kerenski. Ao mesmo tempo, a luta comum contra o golpe reaproximou todos os partidos socialistas e restaurou entre eles, ao menos em parte, a atmosfera de confiança verificada em março, depois da queda da autocracia.

Em 31 de agosto, um dia depois do colapso da aventura golpista, uma reunião plenária do Soviete de Petrogrado exprimiria a radicalização dos espíritos e o impulso pela "frente única" entre os socialistas. Aprovou-se a proposta de Kamenev, dirigente bolchevique, de proclamação imediata de uma república democrática e constituição de um governo exclusivamente socialista, comprometido com iniciativas imediatas de paz e responsável perante as estruturas soviéticas, até a reunião da Assembleia Constituinte.[1]

De igual modo, e para surpresa dos mais radicais, Lênin escreveu, em 1º de setembro, um texto no mesmo sentido, sugerindo a formação de um governo socialista soviético, com uma oposição "fiscalizadora" dos bolcheviques.² Ou seja, sob o influxo da mudança de conjuntura, as principais lideranças bolcheviques alteravam as resoluções do VI Congresso e recuperavam a perspectiva de transferir todo o poder aos sovietes.

Entretanto, três dias depois, em sessão conjunta, os CECs dos sovietes tanto de camponeses como de operários e soldados, eleitos, respectivamente, em maio e junho, liderados pelos socialistas moderados, tomaram outro caminho: aprovaram a reconstituição de um governo de coalizão, depurado dos kadetes e dos chefes militares golpistas, e, ao mesmo tempo, a convocação de uma Conferência Democrática, perante a qual o novo governo seria responsável. Ao saber dessa decisão, Lênin considerou ultrapassado seu artigo conciliador sobre o compromisso, redigido no início de setembro. Perdia-se ali uma oportunidade histórica.

Afinado, porém, com a orientação das direções soviéticas, Kerenski, desde o dia 1º de setembro, aceitara proclamar a república e constituíra um diretório de cinco ministros, presidido por ele próprio, para encaminhar negociações com vistas a formar uma terceira coalizão. O diretório tinha a seguinte composição: Kerenski (chefe do governo), Tereshchenko (Relações Exteriores), Alexander Verkhovski (Exército), D. Verderevski (Marinha de Guerra) e S. Nikitin (Transporte e Abastecimento).

Tais decisões, contudo, não paralisaram o processo de radicalização nas bases da pirâmide social. Nos campos, cantava o "galo vermelho". Nas cidades maiores, adotavam-se, com rapidez surpreendente, propostas de transferência de todo o poder aos sovietes. Em 25 de setembro, o Soviete de Petrogrado elegeu um novo comitê executivo, formado por quatro bolcheviques, dois SRs e um menchevique. Trótski, bolchevique, substituiu Nikolai Chkheidze, menchevique, como presidente. O mesmo aconteceria em Moscou e em outras grandes cidades. Nas frentes de batalha, também se registrava um vendaval de radicalização. A maior expressão disso foi o III Congresso Regional dos Sovietes de Soldados, Marinheiros e Operários da Finlândia, realizado em Helsinque, entre 9 e 12 de setembro, que aprovou as propostas de transferência de poder aos sovietes e elegeu um comitê executivo de bolcheviques e de SRs de esquerda, presidido por Smilga, um bolchevique da ala mais radical do partido. Essa política fora abandonada pelos bolcheviques no final de julho e estava sendo retomada de modo a adequar-se ao influxo dos movimentos sociais, e não o inverso. É sob esse prisma que deve ser avaliado o processo de "bolchevização" dos sovietes. Esses comitês elegeram lideranças bolcheviques porque elas incorporaram a onda que se tornava irresistível, mas não estavam na sua origem nem a determinavam.

Entretanto, além dos mais radicais, os bolcheviques abrigavam lideranças moderadas, que disputavam a hegemonia dentro do partido. Encabeçadas por Kamenev, defenderiam a participação bolchevique na Conferência Democrática, afinal instalada em 14 de setembro. A ideia era persuadir a maioria dos deputados soviéticos ali presentes para a necessidade — e a viabilidade — de um governo exclusivamente socialista, reunindo as forças que haviam vencido Kornilov.*

Àquela altura, captando a força da onda radical, e identificando-se com ela, Lênin empreendeu uma nova reviravolta e incitou o partido a preparar imediatamente uma insurreição revolucionária. Em dois textos, escritos em 12 e 14 de setembro, defenderia seus

---

* A Conferência Democrática aceitou como representantes da sociedade, além dos sovietes e comitês agrários, um sem-número de organizações políticas e profissionais (dumas municipais, sindicatos, comitês do Exército etc.), minimizando, assim, a força e a representatividade dos sovietes. Cf. A. Rabinovitch, 2004.

pontos de vista com a clareza e a firmeza habituais.[3] Para ele, o momento não poderia ser mais favorável: os bolcheviques tinham assumido preeminência nos sovietes de Petrogrado, de Moscou, de outras cidades e de importantes sovietes regionais, como o da Finlândia e o de Kronstadt. No campo, lavrava a revolução agrária. Nas frentes de batalha, acentuava-se a desintegração do Exército. O clamor pela expropriação e distribuição da terra, pela paz imediata e pela regularização do abastecimento das cidades chegara ao paroxismo, ao mesmo tempo que se aprofundava como nunca a demanda pela transferência do poder. Se um governo revolucionário assumisse essas políticas — terra, paz e pão —, granjearia apoio social maciço, ninguém seria capaz de derrubá-lo. Além disso, no campo dos adversários havia uma cacofonia inédita no contexto de indecisões, dúvidas e vacilações. Lênin sublinhava a importância das notícias sobre um motim na Marinha de Guerra alemã — ele seria a ponta de um iceberg pronto a se tornar visível. Assim, uma revolução vitoriosa na Rússia suscitaria certamente uma revolução europeia que viria em seu apoio. A insurreição deveria ser preparada como uma "arte", com método e minúcias, e urgentemente, pois não seria possível excluir uma "explosão" de massas, como em julho, conduzindo a novas derrotas. Era necessário atentar igualmente para os perigos que rondavam: a manipulação ou um novo adiamento das eleições para a futura Assembleia Constituinte; a possibilidade de o governo de Kerenski e os altos chefes militares entregarem Petrogrado aos alemães, como se fizera com Riga, capital da Letônia, entregue a eles sem luta em 21 de setembro; uma paz em separado dos anglo-franceses com os alemães à custa dos russos. Também a hipótese de um novo golpe de direita deveria ser considerada, uma vez que os chefes militares continuavam hostis à revolução e às organizações populares. Eles poderiam aproveitar o deslizamento da sociedade para o caos, o desespero e a apatia e se apresentar como os "salvadores da pátria".

Os textos de Lênin provocaram grande surpresa no Comitê Central. Considerados inadequados, cogitou-se queimá-los.Ióssif Stálin propôs, porém, que circulassem entre os membros da direção das organizações partidárias, conforme vontade do autor. Foi derrotado. Decidiu-se, contudo, que se guardaria apenas uma cópia de cada texto. Quanto à tática política, reafirmou-se a tese de Kamenev: os bolcheviques deveriam participar da Conferência Democrática e lutar para que se aprovasse ali um governo socialista.[4] Entretanto, quando foi divulgada a composição da Conferência, segundo determinação do governo, poucas expectativas restaram de que ela fosse capaz de uma decisão revolucionária.

Com efeito, misturavam-se entre os cerca de 1250 participantes convidados representantes dos sovietes e dos comitês agrários com delegados das dumas municipais, *zemstvos*, cooperativas, corporações etc., minimizando, assim, a força e a representatividade das organizações populares.[5] Nas declarações de filiações ou simpatias políticas, havia 532 SRs (71 deles de esquerda), 530 mencheviques (56 internacionalistas), 55 socialistas populares e apenas 134 bolcheviques, ou seja, a "bancada" revolucionária não excedia ⅕ das cadeiras.

Enquanto Kerenski prosseguia negociando nomes para formar um novo governo de coalizão, a Conferência Democrática devotava-se a discutir o princípio dessa aliança. Não foi uma discussão tranquila. Quase todos os socialistas moderados mantinham a concepção formulada depois da derrubada da autocracia — aquela revolução haveria de ser hegemonizada pela burguesia e pelos liberais. O problema é que o partido dos kadetes, representante reconhecido do liberalismo russo, tinha velada ou abertamente participado da conspiração e do golpe korniloviano. Quando foi a voto, a coalizão com a burguesia foi aprovada. Entretanto, a frente com os kadetes foi recusada. Um impasse, que requeria uma espécie de compromisso. Mesmo numa reunião de chefes partidários, a ideia de articulação com os kadetes foi derrotada.[6] A proposta do princípio da coalizão com a burguesia foi aprovada por 766 votos a 688 votos. Mas o ingresso dos kadetes no governo foi derrotado por 595 a 493. À vista do último resultado, nova votação sobre a coalizão registrou fragorosa derrota: 813 a 183. Entre os líderes, a proposta perdeu de sessenta a cinquenta. Depois de intensas negociações, em 20 de setembro foi finalmente aprovada a coalizão, omitindo-se a controversa questão da participação ou não dos kadetes.[7] Cinco dias mais tarde, constituiu-se, afinal, o quarto Governo Provisório (terceira coalizão), composto por três SRs, três mencheviques, quatro kadetes, quatro socialistas não filiados aos partidos maiores e dois sem partido. Ou seja, reiterava-se o compromisso dos socialistas moderados com Kerenski e seu governo. Agora, eram dez socialistas contra seis não socialistas.[8] Antes de encerrar seus trabalhos, a Conferência Democrática elegeu um Conselho da República, conhecido como Pré-Parlamento, pois antecederia a Assembleia Constituinte, cujas eleições tinham sido adiadas para novembro. Esse conselho era constituído por 555 representantes, 367 deles indicados pelos sovietes e o restante pelas "classes proprietárias", cossacos e outras instituições. Instalou-se em 7 de outubro e se manteve em funcionamento até a revolução, quando foi dissolvido pela força.

Os bolcheviques, depois de criticar a constituição do Conselho da República, tiveram que decidir se tomariam parte nele ou não. De acordo com as propostas de Lênin, favoráveis à preparação imediata de uma insurreição revolucionária, em uma reunião do CEC, realizada em 21 de setembro, resolveram denunciar a nova instituição e dela se retirar.[9] A proposta vitoriosa foi defendida por Trótski e a alternativa, a favor da participação, por Kamenev. Este, porém, considerando o resultado apertado, de nove votos a oito, propôs ampliar o debate para o conjunto da fração bolchevique na Conferência Democrática, o que foi aceito. Nessa reunião, por uma diferença de 27 votos, 77 a cinquenta, aprovou-se a proposta de Kamenev. Mas, poucos dias depois, em 24 de setembro, nova reunião ampliada do Comitê Central aprovou a ideia de "mobilizar e organizar" as massas para a passagem do poder aos sovietes, o que se aproximava das propostas de Lênin. No dia seguinte, quando assumiu a presidência do Soviete de Petrogrado, Trótski defendeu abertamente a rejeição da nova coalizão, articulada por Kerenski e os socialistas moderados, e a passagem do poder aos sovietes no contexto do II Congresso. Previa-se igualmente a realização de congressos regionais na expectativa de fortalecer tais posições.

Dessas idas e vindas, das reviravoltas de Lênin, das flutuações dos bolcheviques e da força relativa de posições mais moderadas entre eles, depreendem-se quatro aspectos que entram em contradição com certos preconceitos ou lugares-comuns concernentes à história dos bolcheviques, apresentando-os como um partido militarizado e monolítico.

Primo, as evidências mostram a pluralidade interna dos bolcheviques e os zigue-zagues do próprio Lênin. É verdade que todos eram favoráveis à revolução, mas havia uma disputa entre três tendências: Kamenev era a favor de uma revolução protagonizada por uma coalizão dos partidos socialistas. Uma vez vitoriosa, transferiria o poder para a Assembleia Constituinte. Lênin, a partir da segunda quinzena de setembro, defenderia a imediata insurreição revolucionária, com posterior transferência do poder ao II Congresso dos Sovietes. Numa posição intermediária, mais próxima à de Lênin, Trótski preferia esperar o congresso soviético, o que em sua opinião legitimaria a insurreição. Àquela altura, o congresso estava convocado para 20 de outubro. Contudo, alguns dias depois, o CEC dos Sovietes adiou sua abertura para 25 de outubro.

Secundo, as posições favoráveis a uma coalizão com os demais partidos socialistas mantinham-se vivas ainda em setembro.

Kamenev liderava essa corrente, que apresentava forte ressonância entre as lideranças partidárias.

Tertio, o próprio Lênin flutuou bastante entre posições conflitantes, e, mais importante, apesar de todo o seu prestígio, cerca de um mês antes da Revolução de Outubro, parecia não ter o controle das instâncias dirigentes do partido de que era o líder.

Quarto, e por último, o partido deixara de reger-se pelo modelo proposto por Lênin no começo do século, quando foi concebido, para escapar das garras da repressão, como um partido de quadros, profissionais, centralizados, disciplinados e devotados à causa da revolução. Em seu lugar, conforme informação de Iakóv Sverdlov, secretário do partido, surgira um agrupamento político com cerca de 400 mil militantes. Um crescimento significativo já fora registrado por ocasião do VI Congresso, realizado ao final de julho. A comparação com o número de efetivos existentes em fevereiro revela que em alguns meses o partido crescera vinte vezes, presumindo-se que passara a aglutinar correntes mais radicais das camadas populares, muita gente iletrada ou semiletrada. Assim, os bolcheviques transformaram-se num partido de massas, distinto dos demais porque assumiu sem reservas as demandas dos movimentos sociais que visavam à desintegração do poder (múltiplos poderes), à expropriação dos proprietários (terra e controle operário) e à aceitação, se fosse o caso, do desmembramento do país, ou seja, do direito de secessão às nações não russas. No âmbito político, conforme atestam os documentos de época, havia internamente uma cacofonia que se exprimia em posições contraditórias e conflitantes, inclusive nas altas esferas e no próprio Comitê Central, e, também, num grau relativamente alto de autonomia do ponto de vista das estruturas de base e intermediárias em relação à direção central.

A essas vicissitudes por que passava o partido correspondia um processo geral de deliquescência social. Os debates no interior do Conselho da República são o retrato de uma sociedade convulsionada, já sem rumo. Sucediam-se discursos, críticas, insultos, aplausos e vaias, sem que se constituíssem maiorias coerentes com um mínimo de solidez. Sobre a crucial questão da paz, apresentaram-se cinco resoluções, todas recusadas. Apenas quatro dias antes da insurreição revolucionária, o general Alexander Verkhovski, substituto de Kornilov no comando-geral do Exército, deu um depoimento, numa sessão conjunta — e secreta — dos comitês de Relações Exteriores e de Defesa Nacional do Pré-Parlamento, que deixou os ouvintes estarrecidos. Entre outras informações, disse que a Rússia somente tinha condições, àquela altura, de contar com um exército de 7 milhões de homens. Na prática, eram 9,5 milhões. Disso resultava uma aguda crise de abastecimento. Não faltavam apenas armas e munições. Escasseavam botas, uniformes, cobertores. As rações eram irrisórias, equivalentes a 650 gramas diários por combatente. A paz imediata era a única solução para deter a desintegração total — e rápida — das Forças Armadas. Os Aliados deveriam ser convencidos disso, caso contrário não apenas os russos, mas eles também seriam levados de roldão. Como resultado, o general foi dispensado de suas funções...[10]

Em outra comissão, o ministro do Abastecimento, Sergei Prokopovitch, confirmava que "o mais formidável autocrata — a fome — ameaçava o Exército". Nas frentes, o pão já não era fabricado, pois faltava farinha. De 400 mil *puds* que o governo conseguira fazer encaminhar para Petrogrado, cerca de metade fora desviada ou roubada no caminho por soldados desertores e camponeses esfaimados.[11] Outro indício de que as autoridades estavam sem pé na realidade é dado pelas discussões travadas no âmbito do Governo Provisório sobre a Lei Agrária, proposta por S. Maslov. Em 20 de outubro, apenas quatro dos cem artigos dessa lei haviam sido discutidos pelo ministério. A revolução agrária estava em pleno andamento, mas a maioria dos ministros preferia deixar a decisão para a Assembleia Constituinte a ser eleita em novembro. Enquanto isso, o ministro do Interior, A. Nikitin, ordenava a repressão contra a "anarquia no campo"... Era como se pensassem que ainda tinham força — mas não tinham — e que dispunham de todo o tempo do mundo, quando lhes restava apenas menos de uma semana.

Desde o final de setembro e o começo de outubro, Lênin multiplicava cartas ao Comitê Central, a outras instâncias dirigentes e a membros influentes do partido, homens de sua confiança. Tentava persuadir os camaradas com argumentos, ameaças veladas e advertências. Equiparava as hesitações e dúvidas a "idiotices", quando não a "traição". O adiamento da insurreição significaria a "morte da revolução".

Cedendo à sua insistência, em 10 de outubro o Comitê Central reuniu-se. Com a presença de Lênin, que saíra da clandestinidade, a despeito de recomendações contrárias do Comitê Central, doze dos 21 integrantes da instância máxima do partido aprovaram, por dez a dois, a proposta de transformar a insurreição revolucionária em "tarefa imediata" do partido.[12]

No dia seguinte, Kamenev e Zinoviev replicaram, a seu modo, o que vinha fazendo Lênin: escreveram uma carta às instâncias partidárias defendendo suas posições, prevenindo-as contra o perigo de "apostar tudo numa única cartada". Advertiam solenemente: "Diante da história, do proletariado internacional, da revolução russa e da classe operária russa, não temos o direito de jogar todo o futuro em uma insurreição armada [...]. Trata-se de uma batalha decisiva, e a derrota *nessa* batalha significaria a derrota da revolução".[13]

Na noite do dia 12 de outubro, o Soviete de Petrogrado criou um Comitê Militar Revolucionário (CMR). O propósito declarado era organizar a defesa da capital. Na prática, porém, e em rápidas decisões, arvorou-se em comando efetivo das tropas aquarteladas em Petrogrado. Os mencheviques prontamente denunciaram, em vão, a manobra como um "instrumento golpista".

A decisão provocou dúvidas e resistências, e não apenas no campo dos adversários dos bolcheviques. Os socialistas moderados manifestaram-se, por meio dos Comitês Executivos eleitos em junho, conclamando operários, soldados e camponeses a não apoiar nenhuma ação armada contra o governo.[14] Mais expressiva, porém, foi uma reunião secreta dos bolcheviques, durante a qual se encontraram líderes dos comitês distritais de Petrogrado. Ao abrir a reunião, Andrei Bubnov traçou um quadro apocalíptico: "O país está à beira da ruína e os acontecimentos desdobram-se por si mesmos", impondo a opção insurrecional. Nevski, pela organização militar, manifestou preocupação com o possível "isolamento" dos bolcheviques. Seguiram-se avaliações de dezesseis distritos ou de setores de atividades, como os sindicatos. A maioria formulou reservas quanto ao sucesso de uma insurreição — indecisão, apatia, alcoolismo, falta de organização seriam aspectos desfavoráveis. Apenas uma minoria caracterizou uma situação "madura" para a ação armada.[15]

Talvez por perceberem essas incertezas, os partidários da insurreição, com Lênin à frente, organizaram uma segunda reunião, ampliada, do Comitê Central, realizada em 16 de outubro, integrando bolcheviques dos comitês executivos dos sovietes da cidade e da região de Petrogrado, da organização militar, dos sindicatos e dos comitês de fábrica. Dessa vez, estavam presentes todos os 21 membros do Comitê Central, eleitos no VI Congresso.

Lênin, em uma longa intervenção, retomou seus argumentos principais. Enfatizou a radicalização e a bolchevização, um processo anterior à vitória sobre Kornilov, como demonstraram as eleições para as dumas de Petrogrado e de Moscou, quando, em ambas as cidades, registrou-se um crescimento exponencial da votação dos bolcheviques. Mais recentemente, sovietes decisivos, em grandes cidades e nas frentes de batalha, também haviam passado à hegemonia bolchevique. Na Europa, o motim dos marinheiros da Marinha de Guerra alemã foi, mais uma vez, citado como um indício conclusivo a respeito do amadurecimento das condições revolucionárias na parte central do continente. No estado de ruína em que se encontrava o país, as massas desejavam "ações" e não "palavras". Esperar o II Congresso soviético poderia ser "fatal". Se os bolcheviques passassem à ação, tomariam o poder e, reconhecendo as demandas de camponeses (terra), soldados (paz imediata) e operários (controle operário e abastecimento), se tornariam imbatíveis. Se nada fizessem, arriscavam-se à instauração de uma nova ditadura, à semelhança da desejada por Kornilov. E, se isso acontecesse, não haveria hesitação quanto a entregar Petrogrado aos alemães, firmando com eles uma paz em separado e matando a revolução.

A maioria dos presentes, porém, ainda estava reticente. Apoiava a "preparação" da insurreição, mas tinha dúvidas sobre o seu desencadeamento imediato. Não seria uma "ação precipitada"? Zinoviev tentou aprovar uma proposta de que "nada se fizesse" antes da abertura do Congresso dos Sovietes. Foi derrotado por quinze votos a seis. Na sequência, a proposta de Lênin, a favor de "preparar ativamente" a insurreição, foi aprovada por dezenove a dois. No entanto, caberia ao Comitê Central e ao Comitê Executivo do Soviete decidir o "melhor momento". Desconfiado de que a situação voltaria a um estado letárgico, Lênin fez aprovar a criação de um "centro partidário", formado por cinco dirigentes, encarregado de supervisionar o cumprimento da decisão.*

---

* Esse "centro" foi constituído por Iakóv Sverdlov, Ióssif Stálin, Andrei Bubnov, Félix Dzerjinski e Moisei Uritski. Mais tarde, haveria uma controvérsia a respeito do papel desempenhado por ele. A historiografia oficial soviética, pelo menos

Inconformados com o desfecho que se apresentava, Kamenev e Zinoviev o denunciaram abertamente nas páginas do jornal de Maksim Górki, o *Novaia Jizn'* (Nova Vida), o que acarretou um escândalo. Lênin criticou os dois por terem faltado à "disciplina partidária" e fez aprovar, pelo Comitê Central, uma resolução proibindo que seus membros questionassem decisões partidárias em público.

Entretanto, o general Grigori Pokolnikov, chefe militar do Distrito de Petrogrado, subestimou a informação, garantindo a Kerenski ter o "controle da situação". No dia 18 de outubro, o Congresso Panrusso dos Comitês de Fábrica se juntou à onda radical e aprovou posição favorável à transferência do poder aos sovietes. No mesmo dia, em atitude considerada "protelatória" pelos bolcheviques, o CEC dos Sovietes de Operários e Soldados adiou a instalação do II Congresso para o dia 25 de outubro.

Depois do dia 20, enquanto as tensões se tornavam mais agudas, sucediam-se comunicados formulados pelo Comando Militar da cidade, obediente ao Governo Provisório, e pelo CMR. Ambas as instituições falavam em nome da defesa da revolução, acusando-se mutuamente de estar preparando a entrega da cidade aos alemães e a derrocada do processo revolucionário. Disputavam o controle da guarnição de Petrogrado, que, a olhos vistos, inclinava-se pelo CMR. Os principais regimentos, em assembleia, aprovavam resoluções de apoio a esse comitê e a que o poder passasse para os sovietes, tão logo se instalasse o Congresso.

Para tentar coibir o processo, na noite do dia 23 o Governo Provisório decidiu ordenar o fechamento de dois jornais bolcheviques e de outros dois, da extrema direita. A medida foi

---

enquanto viveu Stálin, o incensou como a "verdadeira" direção da insurreição. Já Trótski e a grande maioria de historiadores especialistas, no relato dos acontecimentos, minimizaram a atuação de Stálin e desse "centro".

implementada na manhã do dia 24, gerando imediata reação do CMR, que determinou, também pela força armada, a reabertura dos periódicos. Na sequência, durante a tarde e à noite, sempre sob ordens do CMR, tropas foram enviadas a todos os pontos estratégicos de Petrogrado (pontes, estações de estrada de ferro, correios, centrais telefônicas e telegráficas, Banco do Estado etc.), ocupando-os militarmente.

Kerenski ainda tentou uma última cartada. Dirigiu-se ao Conselho da República, onde anunciou que a cidade estava em "estado de insurreição". Estariam em jogo "a República, a Liberdade e a Democracia". Pediu apoio para que "os traidores" fossem "imediata, decisiva e definitivamente liquidados". Sobravam-lhe ímpeto, oratória e coragem pessoal, mas lhe faltavam forças políticas e militares. Depois de acalorados debates, o Conselho aprovou uma resolução em que se discorria sobre os perigos de uma insurreição, mas concitava o Governo Provisório a tomar medidas relativas à distribuição das terras e a uma paz imediata nas frentes de batalha. Também se propunha a constituição de um Comitê de Salvação Pública, formado por diversas instituições, incluindo os sovietes.[16] A sessão foi suspensa às oito e meia da noite do dia 24. Nessa altura, a cidade estava quase inteiramente sob controle do CMR, com exceção do Palácio de Inverno. O quartel-general, no prédio do Almirantado, ocupado por alguns chefes militares e seus assessores, continuava em funcionamento, mas sem nenhum poder efetivo. Seria finalmente tomado às onze e meia do dia seguinte.

Em carta aos camaradas, escrita na noite do dia 24, Lênin recomendava a urgência de tomar o Palácio, prender os ministros e desarmar ou destruir as forças armadas inimigas remanescentes: "Se tomarmos o poder hoje, não o faremos contra os sovietes, mas para eles. O povo tem o direito de decidir pela força e não pelo voto. O governo está balançando. Cabe a nós dar-lhe o golpe de morte, a qualquer custo".¹⁷ Contudo, embora isolado e cercado por tropas muito superiores, o assalto final não se concretizava.

O dia 25 de outubro amanheceu calmo em toda a cidade, com os pontos estratégicos ocupados militarmente. Patrulhas vigiavam e, eventualmente, paravam carros ou cidadãos para verificação. Os transportes públicos, restaurantes e comércio funcionaram normalmente, assim como apareceram todos os jornais. Segundo as diferentes orientações, celebrava-se a revolução vitoriosa ou se denunciava o golpe perpetrado pelos bolcheviques. Às dez horas, um comunicado do CMR anunciou a deposição do Governo Provisório. Um radiograma no mesmo sentido foi passado a todo o país, confirmando que Petrogrado estava "sob controle do CMR".¹⁸ Pouco depois, tropas cercaram o prédio onde funcionava o Pré-Parlamento e o fecharam, permitindo, porém, que os deputados saíssem do recinto em liberdade.

Desistindo de reunir forças a seu favor na cidade e de esperar reforços das frentes de batalha, Kerenski, no fim da manhã, e com o apoio de diplomatas estrangeiros, fugiu para Gatchina, nas cercanias da cidade, onde esperava coordenar a vinda de reforços. Em vão. Os cossacos, força histórica de reserva de todos os governos russos, deliberaram permanecer neutros naquele enfrentamento. Os demais comandantes anunciavam, um a um, sua impotência. Ou sua voz de comando não era ouvida, ou não tinham intenção de salvar Kerenski.

No começo da tarde, no plenário do Soviete de Petrogrado, Trótski confirmou a deposição do governo e anunciou o envio de comissários ao país para anunciar a boa-nova. À ponderação de que seria necessário esperar pela próxima abertura do II Congresso dos Soviets, retrucou: "A vontade do congresso já foi predeterminada pela insurreição dos operários e soldados de Petrogrado. Nossa tarefa imediata é estender e desenvolver a vitória".¹⁹

Entretanto, no Palácio de Inverno, o ministério, reunido,

continuava funcionando. Como suas comunicações não haviam sido cortadas, transmitia ordens, clamava por reforços, denunciava a insurreição e declarava que só transmitiria seus poderes a uma Assembleia Constituinte devidamente eleita.

No outro extremo da cidade, no Smolni, local em que funcionara um instituto educacional para mulheres, os delegados ao II Congresso esperavam a abertura dos trabalhos, retardada, pois os bolcheviques tinham a expectativa de apresentar a prisão do ministério como um fato consumado antes do início da primeira sessão. Finalmente, às oito e meia da noite, depois de um ultimato, recusado, deu-se início ao bombardeio do Palácio de Inverno. As defesas, já enfraquecidas por inúmeras deserções, começaram a se desfazer. O Batalhão da Morte, constituído por mulheres, criado por Maria Bochkareva naquele mesmo ano, com autorização de Kerenski, quando da ofensiva malograda de julho, preferiu viver e se rendeu. Outros destacamentos também depuseram armas, como os das escolas militares e da escola de engenharia e duas companhias de cossacos. Entre os atacantes, porém, havia grande confusão e dificuldades em coordenar esforços, protelando a tomada do Palácio até as duas da madrugada do dia seguinte, quando, então, foram presos dezenove ministros e altos assessores que ali permaneciam.[20]

Enquanto tais operações militares se desenrolavam, não foi mais possível esperar e se abriu, afinal, às onze da noite do dia 25 de outubro, o tão aguardado Congresso Panrusso dos Sovietes de Deputados Operários e Soldados.

O CEC eleito em junho, na pessoa de Fiódor Dan, denunciou a insurreição como um golpe militar bolchevique. Suas palavras eram perturbadas pelo troar dos canhões que atiravam sobre o Palácio de Inverno. Elegeu-se então uma nova direção para coordenar os trabalhos, representativa da nova correlação de forças entre os deputados. Segundo dados oficiais, estavam presentes 670 deputados: trezentos bolcheviques; 193 SRS, tanto de direita como de esquerda; 34 socialistas não russos (ucranianos, letões, sionistas etc.); 68 mencheviques; catorze mencheviques internacionalistas; três anarquistas; 58 sem partido.[21] Segundo a força proporcional dos diferentes partidos, a direção, de 25, passaria a ter catorze bolcheviques, sete SRs, três mencheviques e um internacionalista.[22] Ao fim da eleição, Kamenev, um bolchevique, assumiu a presidência do Congresso. Tanto Kamenev como Zinoviev, apesar de terem trazido a público a decisão do Comitê Central dos bolcheviques em favor da insurreição, foram rapidamente reincorporados ao partido. Pesou aí, decerto, a tradição de sua militância, maior do que seus "deslizes" recentes. Os demais partidos, mesmo os SRs de esquerda, aliados aos bolcheviques, preferiram, contudo, não assumir seus postos na coordenação dos trabalhos.

Logo no início, os principais partidos moderados (SRs de direita e mencheviques) recusaram-se a continuar no recinto e se retiraram do Congresso, questionando sua legitimidade e denunciando "o golpismo" dos bolcheviques. Estavam convencidos de que aquela aventura não iria se sustentar por muito tempo e, enquanto permanecesse, só provocaria resultados catastróficos para a revolução.

Julius Martov, representante dos mencheviques internacionalistas, que ocupava então uma posição intermediária, propôs uma comissão interpartidária para negociar um novo governo, formado por todos os partidos socialistas, uma fórmula de consenso para "evitar a guerra civil". A proposta foi aprovada por unanimidade. Entretanto, a ideia de suspender os trabalhos até que a comissão chegasse a bons resultados não prosperou, o que levou Martov e os mencheviques internacionalistas a se retirarem também do Congresso.

Depois de uma breve interrupção, a primeira sessão foi reaberta às 3h10, já com a notícia da queda do Palácio de Inverno. Procedeu-se, então, à leitura de um "chamado" aos camponeses, operários e soldados para que transferissem, em toda parte, "todo o poder aos sovietes". As tarefas do novo poder revolucionário eram assim elencadas: alcançar a paz, mediante um armistício imediato; distribuir toda a terra aos camponeses; democratizar as Forças Armadas; prestar assistência aos feridos e às famílias dos soldados mortos; taxar os ricos de modo a conseguir prover as necessidades do Exército; assegurar o controle operário sobre as indústrias; garantir o abastecimento para as cidades e o campo; endossar a autodeterminação dos povos não russos.[23]

Depois que a proposta foi aprovada por unanimidade, a primeira sessão do Congresso foi suspensa às cinco horas do dia 26 de outubro.

Nesse dia, Petrogrado voltou a conhecer um dia calmo. O último número do *Izvestia*, jornal ainda controlado pela direção política anterior, foi publicado com críticas contundentes à "louca aventura" protagonizada pelos bolcheviques. As decisões do II Congresso eram declaradas "ilegais". Uma revolução estava em curso, mas, para muita gente, era como se nada de surpreendente estivesse acontecendo.

A segunda e última sessão do Congresso foi aberta às oito da noite do dia 26. Kamenev deu leitura a um decreto em que se aboliam a pena de morte e a resolução de transferência de todo o poder aos sovietes. A aprovação foi unânime,[24] embora a da abolição da pena de morte tenha suscitado a ira de Lênin. Segundo Trótski, ele teria afirmado que se tratava de um "erro", uma "fraqueza inadmissível", uma "ilusão pacifista".

Na sequência, Lênin propôs uma declaração aos "governos e povos beligerantes" conclamando, imediatamente, o início de negociações visando a uma paz "justa e democrática", "sem anexações e indenizações", e um armistício imediato de três meses. Também se anunciavam a abolição da diplomacia secreta e a publicação de todos os tratados secretos assinados pelos governos anteriores, considerados nulos. Um chamado especial foi formulado aos operários e camponeses da França, Inglaterra e Alemanha para que apoiassem a declaração russa sobre a paz. Com a declaração aprovada por unanimidade, os presentes irromperam em uma ovação e no cântico da Internacional.

Já na madrugada do dia 27, Lênin leu uma proposta de Decreto sobre a Terra, incorporando as reivindicações dos comitês agrários e todas as resoluções do I Congresso dos Deputados Camponeses, aprovadas no mês de maio. O direito à propriedade privada da terra era abolido para sempre, assim como o trabalho assalariado no campo. Todas as terras seriam imediatamente entregues aos camponeses, que, por intermédio de seus comitês, as distribuiriam segundo as necessidades e possibilidades de cada lugar e região. As riquezas do subsolo seriam exploradas pelo Estado. As florestas, os lagos, os edifícios, os equipamentos e o gado seriam entregues à administração das comunas rurais ou ao Estado, de acordo com especificidades regionais.[25] O decreto foi aprovado com um voto contrário e oito abstenções.

Na sequência, tratou-se da formação de um novo governo revolucionário, o Conselho dos Comissários do Povo (CCP), responsável perante o Congresso, e de um novo CEC, direção política colegiada entre os congressos soviéticos. Reapresentaram-se, então, propostas favoráveis a um governo de coalizão entre os partidos socialistas. Os SRs de esquerda, decidindo não participar do governo, esclareciam que o faziam para mediar melhor as negociações com os demais partidos. Um representante do Sindicato Nacional dos Ferroviários advertiu que não apoiaria senão um governo socialista plural e que, se fossem reprimidos, cortariam o abastecimento da cidade. Em votação, a proposta do CCP foi aprovada por esmagadora maioria.*

---

* O primeiro CCP ficou assim constituído: Vladímir Lênin (presidente); Alexei Rykov (Interior); Vladímir Milyutin (Agricultura); Alexander Shliapnikov (Tra-

É interessante observar que, em relação a todas essas matérias (paz, terra e formação do governo), as decisões eram explícita e formalmente consideradas "provisórias", a serem ratificadas, mais tarde, pela Assembleia Constituinte, cujas eleições estavam programadas para o mês de novembro seguinte.

Finalmente, elegeu-se um novo CEC do Congresso dos Sovietes,* também de caráter "provisório". Se outros partidos políticos aderissem às resoluções do Congresso, teriam assento nele em proporção à sua força política.

Às 5h15 da manhã do dia 27 de outubro, encerrou-se o II Congresso dos Sovietes.

Entre os contemporâneos, porém, e mesmo entre os bolcheviques, havia muitas incertezas a respeito do destino daquela revolução.

As forças conservadoras e contrarrevolucionárias estavam confiantes em derrotá-la. Chefes militares importantes, sobretudo cossacos, declaravam-se em aberta oposição, ao não reconhecerem as resoluções do Congresso soviético e a legitimidade do governo revolucionário. Anunciava-se uma guerra civil. Outra revolução?

Em outro registro, muitos representantes das nações não russas apostavam na desagregação do velho império. Uma poderosa força centrífuga. Como seria possível contê-las sem guerra? A revolução reuniria forças ou formularia caminhos para enfrentar o desafio?

---

balho); Vladímir Antonov, Nikolai Krylenko e Pavel Dybenko (Exército e Marinha de Guerra); Viktor Nogin (Comércio e Indústria); Anatoli Lunatcharski (Educação); Ivan Skvortsov-Stepanov (Finanças); Liev Trótski (Relações Exteriores); Georgi Oppokov (Justiça); Ivan Teodorovitch (Abastecimento); Nikolai Avilov-Glebov (Correios e Telégrafos); Ióssif Stálin (Nacionalidades).

* Constituído por 110 pessoas, proporcionalmente às diferentes forças políticas presentes: 61 bolcheviques, 29 SRs de esquerda; seis internacionalistas; três socialistas ucranianos; cinco representantes dos camponeses; dois da Marinha de Guerra; um dos sindicatos; um dos socialistas unificados e mais outros dois sem partido.

Os representantes diplomáticos estrangeiros também não apostavam um centavo na sobrevivência do novo CCP. Como não viram com simpatia a Revolução de Fevereiro, muito menos motivos tinham agora para apoiar a que vinha a se realizar. Não havia dúvida de que se comprometeriam a apoiar os que se opusessem à nova revolução, desde que mantivessem a Rússia na guerra.

Os socialistas moderados formulavam prognósticos sombrios. A decisão de se retirar do Congresso e não compartilhar o governo fundava-se na convicção de que a única maneira de salvar as forças socialistas de uma catástrofe histórica era se afastar da aventura liderada pelos bolcheviques.

Entre estes e seus principais aliados, os SRS de esquerda e os mencheviques internacionalistas, havia igualmente muita inquietação. Boa parte concordava com a análise de Martov: as chances de vitória residiam num governo de coalizão de socialistas. Mesmo se fosse possível formá-lo, a vitória não estaria garantida. Em caso contrário, a derrota era certa. Outros apostavam numa revolução internacional. Se ela ocorresse, as chances aumentariam. Trótski acreditava que, se os proletários e soldados europeus não se mobilizassem, a revolução russa seria "estrangulada". Já para Lênin, a incerteza fazia parte da vida. Uma frase de Napoleão o fascinava: "*On s'engage et puis on voit*" (primeiro se entra na batalha; depois se vê o que acontece). Nunca ele fora tão fiel, e apostara tão alto, no valor dessa frase.

UMA REVOLUÇÃO OU UM GOLPE?

A polêmica, acesa entre os contemporâneos, atravessaria décadas. Até hoje, divide opiniões. Foi Marc Ferro quem propôs a melhor solução para o aparente dilema:[26] houve um golpe, mas também uma revolução.

A perspectiva do golpe evidenciara-se desde julho, menos na crise do início daquele mês e mais na decisão do VI Congresso dos bolcheviques de abandonar a proposta dos sovietes como poder democrático e alternativo. No final de agosto, depois da derrota de Kornilov, a retomada das estruturas soviéticas como fonte de poder aparece num viés instrumental muito claro. Posteriormente, a decisão de empreender a insurreição antes do II Congresso dos Sovietes revela a subestimação deste último. Ao sustentar que a tarefa insurrecional era "imediata", Lênin falaria dos perigos que rondavam a revolução. A insurreição se anteciparia, neutralizando-os. A maioria dos que o acompanharam acreditava nesses argumentos. Hoje, porém, se sabe que tais perigos não existiam de fato. A desorganização e a cacofonia no campo da contrarrevolução, depois do fracasso de Kornilov, eram demasiadamente profundas para que pudessem se articular e derrubar o Governo Provisório. Na época, no entanto, no contexto caótico que predominava, era possível ter certeza disso? Era mais provável ter dúvidas. Kamenev e Zinoviev, entre outros, as formularam, mostrando a necessidade de reunir, no mínimo, todos os socialistas para aventurar-se numa nova revolução. Isso só seria viável se os bolcheviques aguardassem o Congresso e, mais tarde, a Assembleia Constituinte. Entretanto, prevaleceu a ideia de que, em nome da revolução, era necessário antecipar-se ao Congresso soviético. Mas quem estava autorizado a falar em nome da revolução? Os sovietes ou os bolcheviques? Para Lênin, estes últimos eram os intérpretes mais consequentes da revolução. E, como tal, podiam criar fatos consumados e, depois, oferecê-los à sanção das gentes. Evidenciam-se aí as raízes de um pensamento antidemocrático e golpista, de fundas tradições, e que teria um grande futuro ao longo do século XX.

Todavia, não há dúvida de que em outubro ocorreu uma revolução. As profundas transformações revolucionárias consagradas pelos decretos aprovados no II Congresso (paz e terra) e pelos que viriam depois (controle operário, direito à secessão etc.) certamente mudaram a face e a história daquela sociedade. E mudaram num sentido e com um caráter popular inegáveis. Demandas de imensas maiorias foram atendidas. E essas maiorias estavam organizadas e conscientes, fosse nas estruturas soviéticas, fosse nos comitês e sovietes agrários. O Congresso soviético não aprovou decretos formulados de cima para baixo. Ao contrário, tais decretos exprimiram movimentos sociais ativos e participativos, razão pela qual foram aprovados. Depois, isso motivaria as lutas para vê-los tomar vida e corpo na história.

Assim, nasceu uma revolução popular, desejada e apoiada por enormes maiorias. Entrelaçada, porém, com decisões e ações golpistas.

Golpe e revolução. Nesse entrelaçamento, a gênese de um futuro promissor e sombrio. Nas dobras da revolução, ainda temporariamente submergidos por seu movimento avassalador, já espreitam o autoritarismo antidemocrático e a ditadura política.

5. As guerras civis (1918-1921): uma revolução na revolução?

Na historiografia sobre as revoluções russas, é comum apresentar as guerras civis que se seguiram à Revolução de Outubro como desdobramentos naturais desse movimento. Além disso, de modo geral, a historiografia usa a expressão "guerra civil", no singular. Preferimos pluralizar o termo, pois, como veremos, as guerras civis têm caráter distinto, com atores e objetivos bem diferentes. A singularização constrói um amálgama não apoiado pelas evidências. A rigor, pelas características que assumiram, pelas metamorfoses que suscitaram, as guerras civis podem ser consideradas outra revolução.[1]

Desde a queda da autocracia, em fevereiro de 1917, estava em curso na sociedade russa — e entre as nações não russas que faziam parte do império tsarista — um processo de decomposição e de desintegração políticas que conduzia à fragmentação e à multiplicação de centros autônomos de poder.

Os bolcheviques, em conjunto com outras forças políticas, apoiaram e incentivaram com firmeza esses movimentos centrífugos pois contribuíam para o enfraquecimento e a derrocada da ordem vigente. Uma vez vitoriosa a insurreição revolucionária de outubro, eles trataram de consagrar juridicamente, por meio de decretos e leis, as demandas políticas e sociais dos múltiplos poderes que estavam em ação.

Assim, o chamado à paz e a assinatura do armistício com a Alemanha aceleraram a desintegração do Exército. Em 16 de dezembro, outro decreto, sobre a democratização das Forças Armadas, buscou revigorar e ampliar o poder dos comitês de soldados, dispondo sobre as eleições nesses comitês e a abolição de graus, títulos, saudações e decorações, nivelando os homens uniformizados como "soldados do Exército revolucionário". O Decreto sobre a Terra legitimou a ocupação e a expropriação das terras realizadas pela revolução agrária em agosto e setembro, consolidando o poder dos comitês/sovietes agrários. A legislação sobre a questão nacional, de 2 de novembro de 1917, consagrou "a livre autodeterminação dos povos", prevendo inclusive o direito à secessão.[2] Os dispositivos da lei sobre o controle operário, datados de 14 de novembro, atribuíam a cada coletivo de trabalhadores fabris o direito de fiscalizar a contabilidade da empresa e estatuir sobre salários, recrutamento e demissão de mão de obra.[3]

Entretanto, e ao mesmo tempo, o CCP editou um conjunto de leis e adotou uma série de procedimentos centrípetos, ou seja, com o propósito de promover a centralização do poder e, no limite, a ditadura política.

Logo após a vitória da insurreição, editou-se em 27 de outubro um decreto sobre a imprensa e a constituição de um tribunal para julgar crimes de imprensa. Alguns jornais foram fechados, como o *Den'* (socialista moderado), o *Retch* (dos kadetes) e *Novoe Vremia*, de linha conservadora e de maior circulação. Mais tarde, em 17 de novembro, outro decreto estatizaria as instalações e gráficas dos jornais considerados "burgueses".[4] Nessa mesma perspectiva, a de neutralizar alternativas de poder, foi fechado o

"Comitê para Salvar o País e a Revolução", constituído no âmbito do Conselho da República, em 27 de outubro.

A questão do abastecimento, desde o início, constituiu-se numa prioridade do CCP, pois a crítica à incapacidade do governo chefiado por Kerenski para lidar com as carências de toda ordem fora um aspecto forte dos discursos — e das promessas — revolucionários. O primeiro movimento, de transferir o controle do assunto para as cidades e distritos, não funcionou a contento. A repressão implacável ao pequeno contrabando também mostrou limitações. Convocou-se, então, um Congresso Panrusso de Abastecimento, realizado entre 14 e 16 de janeiro de 1918, que centralizou as políticas e as medidas práticas voltadas para combater a ameaça da fome. Mais tarde, em 13 de maio de 1918, conferiu-se ao Comissariado do Povo para o Abastecimento (Narodnyi Komisariat Prodovolstvia), o *Narkomprod*, plenos poderes para encontrar soluções.[5] Elas vieram na forma de uma política violenta de requisições, com base em destacamentos armados, o "exército do abastecimento" ou *prodarmia*, mobilizando dezenas de milhares de guardas vermelhos e de marinheiros que foram ao campo à caça de "açambarcadores e especuladores".

Num plano mais geral, para superar o "caos" econômico, o CCP, em 1º de dezembro de 1917, decretou a criação do Conselho Supremo da Economia Nacional, com atribuições de "confiscar, requisitar e consolidar todos os ramos da indústria e do comércio". O novo órgão incorporou os comitês de fábrica, os quais, de órgãos de luta, foram transformados em departamentos administrativos e econômicos (*vyschii soviet narodnovo raziaistva*).[6] Um dia antes, em outra medida centralizadora, foi estabelecido o monopólio do Estado sobre a produção de máquinas e implementos agrícolas. No mesmo mês, houve uma primeira vaga de "nacionalizações", abrangendo dezenas de indústrias. Embora, em muitos momentos, tenha sido requerida pelos próprios trabalhadores, desejosos de garantir empregos e condições favoráveis de trabalho, a iniciativa contribuiu para reforçar as estruturas centralizadas do novo Estado.

Em 7 de dezembro de 1917, surgiu outra instituição: a Comissão Extraordinária Panrussa para a Luta contra a Sabotagem e a Contrarrevolução (Vserociskaia Tchresvytchainaia Komicia po Bor'be c Kontrrevoliutsei i Sabotajem), a *Tcheka*, uma polícia política destinada a reprimir os "inimigos do povo e da revolução", com poderes para prender reféns, proceder a execuções sumárias e organizar os primeiros campos de trabalho forçado. Foram instituídos dois tipos de campo de trabalho: o Ministério do Interior (NKVD) cuidava dos condenados; já a *Tcheka* controlava os presos sob investigação. É difícil estimar com exatidão as vítimas dessa polícia política. Segundo dados oficiais, em 1918 e 1919, cerca de 130 mil pessoas foram presas e 9641, executadas. As atribuições da *Tcheka*, abrangentes e vagas, permitiriam e suscitariam amálgamas que depois se tornariam moeda corrente. Assim, SRS de direita, de esquerda, mencheviques e anarquistas cedo seriam transformados em "inimigos do povo". Apesar de controvérsias sobre as ações dos tchekistas nos primeiros meses depois da revolução, a polícia política do novo regime tornou-se conhecida rapidamente pelas arbitrariedades que cometeu.[7]

Em 14 de dezembro, em novo decreto centralizador decidiu-se a nacionalização dos bancos e das caixas de depósito, cujos haveres foram confiscados.

Antes do fim do ano, em 25 de dezembro, outro decreto do CCP trataria dos "direitos e deveres" das organizações soviéticas. Os CMR foram abolidos e os sovietes locais, ressalvada sua autonomia em assuntos particulares, enquadrados e intimados a obedecer às leis e aos decretos das instituições centrais e/ou superiores.[8]

Todos esses decretos, como se presume, tiveram eficácia limitada no curto prazo, mas anunciavam uma forte tendência de combate às forças centrífugas com a finalidade de eliminá-las dos cenários político e social.

As orientações centralistas ainda foram reforçadas pelo fato de que, em nome da defesa da nova ordem e da derrota dos inimigos, e também da urgência com que se impunham medidas de "salvação" da revolução, o CCP, desde o início, começou a sobrepor-se ao CEC do Congresso dos Sovietes, que, em tese, tinha o direito de controlar e mesmo revogar suas decisões. Convém recordar que quase todos os partidos e grupos socialistas se retiraram do II Congresso dos Sovietes e, assim, não participaram das eleições do CEC e do CCP — portanto, ficaram excluídos deles.

Pouco mais tarde, em 15 de novembro, os SRs de esquerda ingressariam no CEC, e, em 10 de dezembro, no CCP, mas, como ocupavam posições minoritárias em ambas as instituições, pouco puderam alterar essa realidade. Assim, o CEC muito rapidamente acabou se tornando uma espécie de câmara de registro, o que não deixou, porém, de suscitar protestos, mesmo entre alguns bolcheviques, como Kamenev, Zinoviev e Alexei Rykov, entre outros, cujas reservas, no entanto, foram levadas de roldão.[9]

Ao lado da dissolução do Comitê para Salvar o País e a Revolução, constituído pelos que acusavam os bolcheviques de "golpistas", as tentativas de formar centros alternativos de poder, empreendidas por Kerenski e Tchernov, fracassaram. Outra forte oposição veio dos funcionários da administração pública e de estabelecimentos bancários, cujos sindicatos entraram em greve no início de novembro. Em janeiro, contudo, a maioria desses movimentos foi vencida. Em outra frente, negociações tensas e prolongadas para implementar um governo socialista plural não deram resultados, embora fossem apoiadas por bolcheviques eminentes e pelo poderoso Sindicato dos Ferroviários. Em protesto contra esse fracasso, por algum tempo dirigentes bolcheviques, como Viktor Nogin, Alexei Rykov, Vladímir Milyutin, Iuri Larin e Alexander

Shliapnikov, se afastaram do governo e do Comitê Central bolchevique.[10] A verdade é que a maioria dos socialistas não bolcheviques, e também as demais forças de oposição à Insurreição de Outubro, estava convencida de que o poder do CCP não duraria muito tempo, e isso contribuía para que endurecessem as tratativas, formulando, às vezes, propostas inaceitáveis, como foi o caso da sugestão de que um governo socialista plural não poderia contar com Lênin e Trótski.[11]

O CCP e os bolcheviques se fortaleceram muito após o II Congresso dos deputados camponeses, realizado em Petrogrado, entre 26 de novembro e 12 de dezembro de 1917. Tornou-se irreversível a cisão entre SRs de direita e de esquerda, o que vinha se desenhando havia meses. O Congresso rachou ao meio, elegendo CECs distintos. Os SRs de esquerda, liderados por Maria Spiridonova, e aliados dos bolcheviques, tomaram conta das instalações do CEC eleito em maio e expulsaram, manu militari, com soldados a mando do Soviete de Petrogrado, os deputados SRs de direita.[12]

A partir daí, nos seus movimentos rumo à centralização e à ditadura política, os bolcheviques e o CCP teriam que lidar com dois grandes desafios: a Assembleia Constituinte e os inimigos externos, os exércitos alemães.

A reivindicação de uma Assembleia Constituinte (Vcerociiskoe Utchereditelinoe Sobranie) estava inscrita — e consagrada — em todos os programas dos partidos que lutaram contra a autocracia tsarista. Uma tradição revolucionária. Os governos instituídos depois de fevereiro intitulavam-se "provisórios" e cuidavam de não legislar sobre assuntos polêmicos, porque se remetiam à Constituinte. O próprio CCP, quando se instalou, manteve a denominação de "provisório" em respeito à Constituinte, considerada órgão soberano, a ser eleita pelo sufrágio universal, e, em consequência, depositária da vontade de toda a sociedade. Da mesma forma, os principais decretos revolucionários, aprovados pelo

II Congresso dos Sovietes, faziam menção explícita e recorrente de que dependeriam da aprovação da Constituinte para serem considerados "definitivos".

Apesar de dificuldades de toda ordem, e de sucessivos adiamentos, o pleito, conforme determinado antes da Insurreição de Outubro, realizou-se, afinal, em 12 de novembro. O voto era universal, igual, direto, secreto, e dele participaram homens e mulheres, civis e militares. Para os civis, a idade mínima era vinte anos e, para os militares, dezoito anos. A distribuição das cadeiras obedecia ao sistema proporcional, e o voto era dado aos partidos (lista fechada).[13]

Os resultados eleitorais, contudo, embora dessem vitória aos bolcheviques nas grandes cidades, em especial em Petrogrado e Moscou, beneficiaram, no cômputo geral, os socialistas revolucionários de centro e de direita, que ficaram com mais de metade dos deputados eleitos.[14]

Antevendo esses resultados desfavoráveis, Lênin, logo depois da conquista do poder, cogitou adiar, mais uma vez, as eleições para a Constituinte. Ele argumentava que as listas partidárias, elaboradas em momento anterior, não representavam a radicalização do processo social. Assim, os SRs de esquerda, que haviam se projetado a partir de julho-agosto, e que formavam desde então um agrupamento distinto, não teriam ganhado peso proporcional na lista SR, formulada por uma direção política amplamente dominada por SRs de direita. Por outro lado, o dirigente bolchevique também sustentava a necessidade de pôr na ilegalidade os partidos burgueses, entre os quais se incluíam os kadetes, considerados contrarrevolucionários. Finalmente, Lênin desejava abaixar o limite de idade dos eleitores. Contudo, tais propostas não foram aprovadas, e, como previsto, as eleições foram realizadas.

Os resultados aferidos esboçaram claramente a formação de uma alternativa de poder. Para enfrentá-la, o CEC aprovou, no começo de janeiro, uma Declaração dos Direitos do Povo Trabalhador e Explorado, incorporando o que havia de essencial nos decretos revolucionários formulados até então. Quando a Assembleia Constituinte abriu seus trabalhos, em 5 de janeiro de 1918, o texto foi apresentado por Sverdlov como uma preliminar aos trabalhos constituintes, mas a ampla maioria dos deputados rejeitou a proposta,[15] considerando-a atentatória à soberania da Assembleia. A partir daí, os bolcheviques e os SRS de esquerda abandonaram o plenário e levaram o assunto para debate no CEC. Ali, depois de uma longa intervenção de Lênin, deliberou-se pelo fechamento da Assembleia, considerada "contrarrevolucionária", o que foi executado pela força militar já no dia seguinte. A maioria dos constituintes, evidentemente, protestou, no entanto não houve força para organizar nenhum movimento social expressivo a favor de sua manutenção.

Para legitimar a decisão, um Congresso Soviético de Deputados Operários, Soldados e Camponeses foi extraordinariamente convocado para 8 de janeiro. Aprovaram-se, então, o fechamento da Constituinte, os decretos revolucionários, a consolidação do CCP, que deixou de ser considerado provisório, e um esboço de Constituição para a República Socialista Federativa Soviética da Rússia (RSFSR).[16] Pelo menos temporariamente, fora afastada a hipótese de um centro político alternativo que desafiasse o CCP e o CEC.

Ao longo do mês de janeiro, outros passos — decisivos — foram dados no sentido da centralização do poder. De um lado, sindicatos e comitês de fábrica realizariam congressos panrussos, durante os quais foram aprovadas propostas que os integravam, subordinando-os, à administração da economia e do Estado.[17] O argumento principal era de que, como se tratava de um governo de trabalhadores, não fazia mais sentido manter organizações autônomas de luta. Um último núcleo independente, constituído pelo Sindicato dos Ferroviários, foi, afinal, enquadrado em março de 1918. Quanto às instituições tradicionais das dumas e dos *zemstvos*, foram progressivamente dissolvidas e/ou integradas às seções administrativas dos sovietes, o que, aliás, contribuiria para a sua precoce burocratização.[18]

Merece ser mencionada a criação de um novo Exército, em 15 de janeiro de 1918: o Exército Vermelho Operário e Camponês, pois a capacidade combativa do exército existente, que ainda guarnecia formalmente as fronteiras, era considerada nula.[19] Os apelos ao voluntariado seriam, um pouco mais tarde, a partir de 9 de junho de 1918, substituídos pelo serviço militar obrigatório e pela incorporação maciça de oficiais do antigo exército. Cerca de 40 mil oficiais do Exército tsarista, entre 130 mil, serviram nas fileiras do Exército Vermelho, sempre assistidos por comissários políticos designados pelo governo. Chegaram a constituir, no início, três quartos dos oficiais. Já no fim da guerra civil, sua participação reduzia-se apenas a ⅓.

Seriam também modificados os padrões de disciplina: no juramento de fidelidade, os soldados vermelhos comprometiam-se a "cumprir as ordens dos comandantes nomeados pelo governo dos operários e camponeses".[20] Esfumava-se, assim, a organização horizontal dos comitês, tão decisiva para a desintegração do exército anterior — e para a vitória da Revolução de Outubro —, substituída por comandos verticais e centralizados.

O processo de centralização do Estado esbarrava, no entanto, em outro tipo de obstáculo, imediato: a Alemanha e seus aliados. O armistício, assinado no dia 2 de dezembro, dera um respiro ao governo revolucionário, mas, por outro lado, incentivara ainda mais a desagregação daquele exército já combalido, provocando novas e crescentes ondas de desertores. As expectativas de uma revolução internacional iminente não se concretizaram. Como constatara amargamente Rosa Luxemburgo, o proletariado alemão reagira com uma "imobilidade de cadáver" à Revolução de

Outubro. Os chamados soviéticos aos "povos europeus" para que assumissem diretamente as negociações de paz, ou para que pressionassem os respectivos governos, tampouco suscitaram resultados. Assim, tornaram-se difíceis as perspectivas de uma paz "sem anexações e indenizações" e que respeitasse a "autodeterminação dos povos". É verdade que os alemães também estavam ansiosos para encerrar a guerra nas frentes orientais, o que lhes permitiria concentrar-se no ocidente, onde os anglo-franceses tendiam a reforçar-se com o apoio dos Estados Unidos. Entretanto, a superioridade de forças a seu favor lhes conferia margens de manobra muito maiores do que as dos bolcheviques.

Durante os meses de janeiro e fevereiro de 1918, os bolcheviques dilaceraram-se entre si e com os SRs de esquerda, seus aliados, em debates intermináveis a respeito do assunto. Finalmente, a paz de Brest-Litovski foi assinada em 3 de março. Foram duríssimas as condições impostas: a Rússia, que já havia reconhecido a independência da Polônia, aceitou perder o controle da Ucrânia, da Finlândia e dos Países Bálticos, além de Kars e Batum para o Império Otomano e da Bessarábia para a Romênia. As perdas equivaliam a 25% do território, 26% da população, 32% da produção agrícola, 23% da produção industrial, 75% da produção de carvão e de ferro e 80% da produção de açúcar. Além disso, o governo revolucionário obrigou-se a pagar uma indenização de 6 bilhões de marcos e se abster de fazer qualquer tipo de propaganda negativa aos países inimigos.[21] Depois de muitas hesitações, marchas e contramarchas, Lênin conseguiu persuadir a maioria do Comitê Central dos bolcheviques a aceitar as condições alemãs, por mais infames que fossem, pois acreditava que isso era essencial para "salvar a revolução". Reconhecia-se que aquela paz significava o abandono dos princípios revolucionários, mas se mantinha a confiança numa próxima revolução internacional. Quando esta ocorresse, a situação voltaria a mudar e seria possível questionar os tratados assinados, os quais, afinal, segundo a fórmula de Lênin, não passavam de "tiras de papel".

O custo político, entretanto, não foi pequeno. Os SRs de esquerda protestaram e denunciaram a capitulação. Mesmo entre os bolcheviques, constituiu-se uma corrente de "esquerda", liderada por Nikolai Bukharin, que defendia uma "guerra revolucionária". Seus adeptos organizaram uma imprensa própria e questionaram publicamente a validade das decisões tomadas.

Poucos dias depois de assinada a paz, realizou-se entre 6 e 8 de março o VII Congresso do Partido Bolchevique. Foi uma reunião tensa e exclusiva, que contou com a presença de apenas 46 delegados. Esse número não exprimia o crescimento exponencial do partido, limitando-se, e mesmo assim de modo estreito, a representar a "velha guarda". A "colheita de outubro", como Lênin se referia ironicamente aos novos recrutas, não foi consultada, evidenciando outro aspecto do processo de centralização.[22] Mas o tratado de paz foi ratificado. O partido então mudou de nome e passou a se intitular Partido Comunista (bolchevique) da Rússia — PC(b)R.

Era preciso, no entanto, ampliar a legitimidade dos acordos com os alemães. Para isso foi convocado, entre 14 e 18 de março, o IV Congresso dos Soviets. SRs de esquerda, a "esquerda" bolchevique, remanescentes mencheviques, entre os quais Martov, aproveitaram as sessões plenárias para criticar e denunciar os termos em que a paz fora assinada, mas a maioria os aprovou.[23] Em protesto, os SRs de esquerda retiraram-se do governo, deixando os bolcheviques absolutos no controle do CCP.[24]

A partir daí, embora enfraquecidos, os bolcheviques teriam que lidar com as diferentes guerras civis que explodiriam em várias partes do território do ex-império tsarista. E o governo revolucionário travaria guerras em três frentes bem distintas.

Na primeira frente, os inimigos foram os Exércitos Brancos,

cujas tropas eram comandadas por oficiais generais adeptos do tsarismo e também por oficiais generais cossacos, apoiados pelas potências aliadas, inconformadas com a retirada da Rússia da guerra e com os prejuízos advindos das políticas adotadas pelo CCP.

Logo que se confirmou a vitória revolucionária, o general Alexei Kaledin, chefe dos cossacos do Don, ou *ataman*, declarou-se em rebelião. A ele se juntaria, um pouco mais tarde, o general Mikhail Alexeiev, ex-comandante em chefe dos Exércitos russos, que, em conjunto com Anton Denikin e Lavr Kornilov, organizou o chamado "Exército Voluntário", no sudoeste da Rússia, na cidade de Novocherkassk.

Tais exércitos não teriam existido sem o apoio logístico de tropas francesas, desembarcadas em Odessa, e de ingleses, que, vindos da Mesopotâmia, penetraram no Cáucaso com o objetivo de alcançar Baku, um dos maiores centros mundiais de produção de petróleo na época. Os ingleses também desembarcaram ao norte, em Murmansk, em março de 1918, e, com apoio francês, em Arcangel. No extremo oriente, em Vladivostok, desembarcaram cerca de 70 mil soldados japoneses e um pequeno exército estadunidense, mas não chegaram a desempenhar papel militar algum nas guerras civis.

Em seu ponto de avanço máximo, esses contingentes brancos chegaram a Voronej, a cerca de quatrocentos quilômetros de Moscou, em setembro de 1919, porém não resistiram à contraofensiva dos Vermelhos, que os empurraram até a Crimeia, onde, sob o comando do barão Piotr Wrangel, ainda lutaram até novembro de 1920, quando foram definitivamente liquidados. Nessa mesma época, os exércitos estrangeiros embarcaram para seus países de origem.

Na França e na Inglaterra houve protestos e greves contra a intervenção militar na Rússia. Outro fator que contribuiu para a retirada, além da derrota militar dos Brancos, foi a dificuldade, entre as potências, de chegar a um acordo a respeito de uma eventual partilha da Rússia, nos moldes do que se fizera, em meados do século XIX, na China, e que chegara a ser antevista por círculos financeiros anglo-franceses.

Os Exércitos Brancos também surgiriam no oriente, a partir da Sibéria, sob comando do almirante Aleksandr Koltchak. Desferiram uma grande ofensiva no Volga em março de 1919 e se aproximaram perigosamente de Moscou, que desde 12 de março de 1918 fora oficializada, mais uma vez, como a capital do país. Foram, contudo, derrotados e o almirante Koltchak, preso e fuzilado em fevereiro de 1920. Finalmente, no nordeste, outro Exército Branco, apoiado pelos franceses, e chefiado pelo general Nikolai Iudenitch, chegou a cem quilômetros de Petrogrado, mas teve o mesmo fim dos anteriores.

O que dava uma base comum a esses três Exércitos Brancos era sua proposta "restauradora". Sonhavam com uma Rússia "una e indivisível" e, quando e onde puderam, restabeleceram as bases da ordem antiga, em especial a propriedade privada da terra. Comportaram-se o tempo todo como reacionários no sentido próprio da palavra, evocando a frase de Talleyrand referente aos nobres franceses que retornaram à França depois da derrota de Napoleão: "Nada esqueceram e nada aprenderam". Completamente incapazes de estabelecer alianças com outras forças de oposição aos bolcheviques, rivalizavam entre si, sobretudo depois da eliminação do tsar e de sua família, em julho de 1918, cultivando ambições desencontradas de mando e de poder pessoal.

Na segunda frente, os bolcheviques enfrentaram outros socialistas revolucionários que não concordaram com a Insurreição de Outubro. Inicialmente, muitos ainda investiram na articulação de um governo de coalizão. Consumado o fracasso dessa tentativa, houve uma cisão: uma parte (anarquistas e mencheviques internacionalistas) permaneceu como uma espécie de oposição consentida, sujeita a investidas da *Tcheka*, formulando, até 1921, e sem sucesso, críticas às derivas autoritárias dos bolcheviques nos congressos soviéticos. Outra parte, composta em sua maioria pelos SRS de direita, sobretudo depois do fechamento da Assembleia Constituinte, em janeiro de 1918, resolveu partir para o confronto. Eles seriam, mais tarde, reforçados pelos SRS de esquerda. Estes, depois de Brest-Litovski, abandonaram o governo. Pouco mais tarde, em função da política de requisições, definida em maio de 1918, e do decreto de formação dos comitês de camponeses pobres, os *kombedy*, em 11 de junho do mesmo ano, resolveram partir para a guerra aberta contra o CCP.

Eles identificaram, com razão, nos decretos de maio e junho, uma mudança radical em relação à política de ampla aliança com os camponeses, expressa no Decreto sobre a Terra, formulado em 27 de outubro de 1917. Os bolcheviques tentariam, de fato, recorrendo a seus velhos programas a respeito da questão agrária, introduzir divisões entre os camponeses: de um lado, os *kulaks*, camponeses mais abastados, e os *serediniaks*, camponeses médios. De outro, os *bedniaks*, camponeses pobres, e os *batraks*, que eram os assalariados agrícolas. Essas categorias, construídas com base em critérios socioeconômicos, não consideravam o movimento revolucionário concreto que unificara todas as camadas camponesas no processo de luta contra os proprietários, aprofundando identidades próprias — e abrangentes — no mundo rural, em oposição aos "habitantes da cidade".

A política bolchevique mostrou-se um grande fracasso. O decreto de junho foi revogado, mas a restauração de uma ampla aliança com os camponeses, nos moldes de outubro de 1917, pelo menos até fins de 1920, permaneceu um problema em face das requisições forçadas, impostas pelos rigores das guerras civis.

Desde junho de 1918, os SRS de esquerda somaram-se, embora com autonomia, ao confronto dos SRS de direita com os bolcheviques. Em julho de 1918, assassinaram o conde Wilhelm von

Mirbach, o embaixador alemão em Moscou, quando tentaram um golpe de Estado, fracassado. No mês seguinte, mataram o líder bolchevique Moisei Uritski, dirigente da *Tcheka*. Na mesma época, uma militante SR de direita, Fanni Kaplan, cometeu um atentado a tiros contra Lênin, ferindo-o.

No fim da primavera e no verão de 1918, os camponeses estavam se insurgindo em várias partes do país contra os decretos bolcheviques. Segundo dados oficiais, foram 245 revoltas camponesas contra o poder bolchevique só no verão. Em 1919, regiões inteiras passariam ao controle de movimentos camponeses armados.[25]

Para agravar o quadro, a chamada Legião Tcheca entrou em estado de rebelião na Sibéria Ocidental. Tratava-se de um contingente de cerca de 30 mil homens armados. De nacionalidade tcheca, combatiam com os russos contra os austríacos. Depois da paz de Brest-Litovski, negociou-se a sua partida para a França, através do trem transiberiano. No entanto, no caminho, sovietes locais pretenderam desarmar os homens, o que suscitou sua rebelião. Negociações ulteriores permitiram que os tchecos seguissem armados rumo a Vladivostok, onde embarcaram para a França.

Aproveitando-se dessa situação extremamente instável, os SRS de esquerda lideraram uma rebelião em Samara, na margem esquerda do Volga, tomando a cidade, em maio de 1918. Em setembro, chegou-se a realizar um encontro em Ufa, em que se reuniram SRS, mencheviques e kadetes. Como resultado, nomeou-se um Governo Provisório. Ao mesmo tempo, dirigidos por Boris Savinkov, guerrilheiros ocuparam a cidade de Iaroslav, a apenas 250 quilômetros de Moscou. Todos esses movimentos, porém, tiveram fôlego curto. Acossados pelas forças Brancas de Koltchak, que dissolveu o governo de Ufa, e pelos bolcheviques, que retomaram Iaroslav, as tentativas armadas das oposições revolucionárias aos bolcheviques não conseguiram adquirir consistência nem afirmar um perfil próprio, sempre espremidas entre Brancos e Vermelhos.

Por outro lado, as concessões bolcheviques aos camponeses, retomando a aliança proposta em outubro, combinadas ao reacionarismo dos Brancos, tenderam a neutralizar a insurgência rural e aproximaram novamente os camponeses do governo do CCP para um apoio — com reservas.

Um último reduto revolucionário não bolchevique, com força relevante, existiria na Ucrânia — o Exército Negro, de orientação anarquista, liderado por Nestor Makhno. Embora importantes aliados dos Vermelhos na luta contra os Brancos, depois da derrota destes, intimados a entregar suas armas, recusaram-se. Foram batidos e os remanescentes partiram para o exílio.[26]

Uma terceira frente da guerra civil foi protagonizada pelos movimentos nacionalistas não russos. Ainda na época de Kerenski, a independência da Polônia foi reconhecida. De março a outubro, afirmaram-se com grande força os movimentos nacionalistas — as gentes se rebelavam contra o "cárcere dos povos", como era conhecido em toda a Europa o império tsarista.

Com a paz de Brest-Litovski, por imposição alemã, os bolcheviques tiveram que aceitar a independência da Finlândia, dos Países Bálticos e da Ucrânia, além da perda da Bessarábia, de Kars e de Batum. Antes disso, porém, os bolcheviques, recusando a independência ucraniana, chegaram a ocupar Kiev, em janeiro de 1918, mas foram expulsos logo depois pelas tropas alemãs, que ocuparam a região até o fim da guerra, em novembro daquele ano. No Caúcaso e entre os povos islâmicos da Ásia Central, formulavam-se também propósitos autonomistas e mesmo independentistas diante dos quais o CCP pouco pôde fazer no curto prazo, ocupado que estava em consolidar um governo centralizado no eixo Petrogrado-Moscou.

Na Finlândia, houve uma guerra civil, opondo revolucionários socialistas e Brancos finlandeses. O CCP apoiou os primeiros, embora quase nada pudesse fazer por eles: os revolucionários foram trucidados por seus inimigos. Na Ucrânia e nos Países Bálticos, reinou uma independência mais do que relativa, mediada pela "paz alemã".

Contudo, esses arranjos duraram pouco tempo, pois, em novembro de 1918, explodiu a revolução alemã: o Kaiser Guilherme II foi derrubado e a República, proclamada. Formou-se um novo governo, constituído por sociais-democratas e não comprometido com as imposições de Brest-Litovski.

Houve, então, uma completa inversão na correlação de forças.

O CCP manteve o reconhecimento da independência da Polônia, da Finlândia e dos Países Bálticos. Mas não adotou a mesma política em relação à Ucrânia, aos povos do Cáucaso e às nações muçulmanas da Ásia Central. Não se chegou a revogar formalmente o direito à autodeterminação dos povos e o seu correlato, o direito à secessão. Ao contrário, eles passaram a figurar na Constituição da República Socialista Federativa Soviética da Rússia, aprovada em 10 de julho de 1918. No entanto, os bolcheviques, inspirados por Stálin, comissário da pasta de Nacionalidades, formularam uma interpretação peculiar desses direitos, aprovada pelo III Congresso dos Sovietes, em janeiro de 1918. Eles deveriam ser reconhecidos apenas para os trabalhadores e suas organizações, os sovietes, e não para a burguesia e suas assembleias.[27]

Ora, na Ucrânia, sobretudo na parte oriental, nas cidades do Cáucaso e naquelas da Ásia Central, a maioria da população urbana era constituída por russos, nem um pouco desejosos de se separar da "mãe-pátria" e de seu governo revolucionário, que parecia atender às suas demandas sociais e políticas. Organizados em sovietes urbanos, defenderiam a manutenção dos laços com a Rússia socialista. E o fariam com armas nas mãos, auxiliando o Exército Vermelho a derrotar os propósitos independentistas, acusados de burgueses e contrarrevolucionários. Assim, foi possível aos bolcheviques derrotar, um a um, e separadamente, os movimentos nacionalistas, embora reconhecendo margens de autonomia consideráveis inexistentes nos tempos do tsarimo, ou seja, o cultivo da própria língua, autonomia nos campos da educação, cultura, justiça local etc.

Uma última guerra, tendo como base a questão nacional, ainda haveria de eclodir entre a Polônia, restaurada como Estado nacional, e a Rússia socialista. Com apoio francês e articuladas com nacionalistas ucranianos, as tropas polonesas, lideradas por Ióssif Pilsudski, atacaram a Ucrânia em abril de 1920. Já no mês seguinte, tomaram Kiev e pareciam destinados a grandes vitórias. Subestimaram o Exército Vermelho. Os russos contra-atacaram com sucesso e invadiram, por sua vez, a Polônia. Houve, então, uma certa euforia entre os bolcheviques, muitos imaginando a possibilidade de "exportar" a revolução na direção do Ocidente, a fim de alcançar a própria Alemanha. O propósito era demasiado otimista e não funcionou. Repelidos às portas de Varsóvia, os Vermelhos tiveram que recuar e negociar a paz, afinal assinada em 18 de março de 1921, em Riga, na Letônia.

Estavam definitivamente encerradas as guerras civis.

Restaria compreender melhor as razões da vitória final dos bolcheviques. E o seu custo.

Em 1918, mesmo depois da assinatura da paz de Brest-Litovski, a situação dos bolcheviques ainda parecia desesperada. O governo revolucionário controlava, na prática, e mesmo assim com problemas, apenas o eixo Moscou-Petrogrado. Já em 1921, amputadas as "províncias ocidentais" do velho império, mantivera sob seu domínio as demais nações não russas e vencera todas as oposições políticas e militares internas.

As vitórias resultaram de um entrelaçamento complexo entre, de um lado, características favoráveis que os bolcheviques souberam cultivar, e que os fortaleceram, e, de outro, erros cometidos e problemas não resolvidos entre seus inimigos, que os levaram a derrotas e à ruína.

Logo após a insurreição vitoriosa de outubro, com seus decretos e legislações, os bolcheviques reconheceram as principais demandas de camponeses e de operários. Essa orientação, salvo o período marcado pelos decretos de maio-junho de 1918, manteve-se em grandes linhas, garantindo bases sociais de sustentação importantíssimas. Depois das invasões estrangeiras, os bolcheviques assumiram o discurso de defesa dos interesses nacionais, de sobrevivência da Rússia como poder independente. É expressivo que os Exércitos Brancos não tenham reunido mais do que 4 mil oficiais do ex-Exército tsarista, contra cerca de 40 mil oficiais que serviram no Exército Vermelho. Além disso, a ditadura política e a construção de instrumentos centralizados e coesos — Partido Bolchevique, *Tcheka* e Exército Vermelho — potencializaram enormemente a força do governo revolucionário. Por fim, do ponto de vista militar, durante boa parte do tempo, o Exército Vermelho dispôs de condições mais favoráveis: eles operavam "em linhas interiores", ou seja, os movimentos de recursos e tropas eram feitos num mesmo território contínuo, que, adicionalmente, dispunha da melhor rede de estradas de ferro e de rodagem.

Em contraste, no campo da contrarrevolução, entre as várias e diferentes forças que se opunham aos bolcheviques, prevaleceram desavenças, cisões e conflitos, inclusive armados, fruto da incapacidade de formular plataformas políticas comuns e organizar Forças Armadas conjuntas. A orientação "restauradora" dos Brancos não poderia, evidentemente, entusiasmar as massas populares. Os apoios estrangeiros — de ingleses, franceses e alemães — levaram ao descrédito as forças que deles se beneficiaram. Os revolucionários contrários aos bolcheviques ficaram imprensados entre Brancos e Vermelhos e não souberam, mesmo entre eles, construir frentes sólidas e duradouras. Quanto aos movimentos nacionalistas não russos, armadilhados em suas lutas de caráter específico, tornaram-se impotentes em seu isolamento e, um a um, foram derrotados. Finalmente, do ponto de vista militar, o fato de combaterem em "linhas exteriores", sem dispor de meios de comunicação, não ajudou a oposição aos bolcheviques.

Um último comentário merece ser feito quanto às articulações internacionais revolucionárias. Em contraste com a suposta vocação internacionalista dos socialistas, elas desempenhariam um papel praticamente nulo ao longo das guerras civis. Já se registrou a ocorrência de movimentos e greves na Europa contra a intervenção militar na Rússia. Mas é questionável conferir-lhes força decisiva no desenlace do processo. A revolução alemã de novembro de 1918 teve, sem dúvida, uma incidência relevante nos acontecimentos, mas é duvidoso argumentar que os alemães tenham se revoltado para ajudar os russos. No tocante aos bolcheviques, fundaram, em março de 1919, uma Internacional Comunista, como propusera Lênin em abril de 1917. Entretanto, os dois congressos realizados durante as guerras civis, ambos em Moscou, em 1919 e 1920, para além das declarações retóricas, nada puderam fazer de prático. Assim, as motivações, tendências e interesses nacionais sobrepujaram claramente os de caráter internacional. Tais evidências teriam desdobramentos no longo prazo.

A Rússia emergiu das guerras civis completamente arrasada.
A utopia do "comunismo de guerra" cedo se decantara, inviabilizada. Em 1919-1920, no contexto da mais absoluta escassez, com a moeda em crise e a economia de troca tomando o lugar do mercado, houve a ilusão de que se estava caminhando para um tipo especial de "comunismo". Mas a escassez e a miséria não ofereciam condições favoráveis ao socialismo, pensado como um regime próspero, fundamentado na abundância.

Houve uma catástrofe humana: cerca de 7 milhões de mortos, somadas as vítimas da Primeira Guerra Mundial e das guerras civis. Sem contar os mutilados, os sofrimentos e os traumas morais, derivados do exercício sem limites do terror branco e do terror vermelho, o que conduziu à "brutalização das relações sociais".[28] No inverno de 1921-1922, mais de 5 milhões de pessoas morreriam de epidemias associadas aos resultados dos conflitos sem fim. Além disso, partiram para o exílio cerca de 2 milhões de pessoas, quase todas provenientes das elites sociais, o que gerou dificuldades de toda ordem na gerência da economia e da administração públicas.

Foi necessário ainda lidar com o fantasma da regressão demográfica urbana: as cidades despovoaram-se. Petrogrado perdeu ⅔ de sua população. Moscou, quase metade.[29] Em certos setores, a economia voltou aos padrões de fins do século XVIII. A produção industrial recuou, no seu conjunto, a 12% dos níveis atingidos em 1913. Em relação ao ferro e ao aço, a 2,5%. Nas regiões rurais, a parte comercializada da produção diminuiu de um pouco mais de 90%.[30]

Em 1921, parecia longe no tempo aquela Rússia de 1917, que se tornara a "nação mais livre do mundo".

No contexto das guerras civis, em vez dos múltiplos centros de poder, surgiu a ditadura política, dotada de uma temível polícia política e de um Exército centralizado e verticalizado. Mesmo os bolcheviques mudaram radicalmente: de uma elite política, atravessada por debates contraditórios, transformaram-se num partido de massas centralizado, militarizado, em que não eram mais admitidas dissensões, vistas com desconfiança e suspeição. O X Congresso, realizado em março de 1921, proibiu formalmente as frações. No plano da Internacional Comunista, o II Congresso, em 1920, aprovaria as "21 condições", enrijecendo as condições de adesão e de funcionamento dos partidos vinculados.

O arquétipo do militante político anterior a outubro, conspirativo, informal, com roupas amarrotadas, desleixadas, e uma boina na cabeça, deu lugar ao dirigente militar, armado, trajando uniforme impecável e botas bem lustradas de cano alto.

As guerras civis e suas metamorfoses não teriam promovido uma revolução na revolução?

As evidências indicam o surgimento de outra Rússia revolucionária. A derrota da Revolução de Kronstadt confirmaria as tendências ao centralismo e à ditadura. Elas perdurariam no tempo.

6. A Revolução de Kronstadt

A última revolução do ciclo iniciado em 1905 desenvolveu-se em Kronstadt, cidade-base da Marinha de Guerra russa, na ilha de Kotlin, no golfo da Finlândia. Essa era uma localização estratégica: com seus fortes e navios, Kronstadt protegia Petrogrado por mar e vigiava o tráfego marítimo da região.

Foi uma revolução curta no tempo — iniciou-se em 28 de fevereiro e se estendeu até 17 de março de 1921—, mas de grande significado histórico.

A base de Kronstadt era conhecida por uma tradição notável de rebeldia.

Os marinheiros eram obrigados a suportar condições de vida e de trabalho difíceis: baixos soldos, alimentação insuficiente, alojamentos precários. A qualificação relativa das tripulações, requerida pela alta tecnologia dos navios de guerra, contrastava com a forma brutal com que eram tratados pelos oficiais: além de castigos físicos a que eram submetidos, o regulamento previa toda a sorte de vexames e humilhações. Ao mesmo tempo, a organização do trabalho e seu caráter coletivo no interior dos navios concorriam para a formação de laços de solidariedade entre as dezenas de milhares de marinheiros concentrados na base.

Kronstadt se destacaria em 1905. Em outubro daquele ano, durante uma grande assembleia na praça da Âncora, um imenso espaço no coração da ilha, formulou-se um conjunto de reivindicações e de propostas políticas, entre as quais o fim da autocracia e a proclamação da República. Isolados dos operários de Petrogrado, cujo soviete já fora fechado, a rebelião foi atacada e dominada após dois dias de luta. Segundo dados oficiais, houve cerca de 3 mil prisioneiros, além de dezessete mortos e 82 feridos. Um processo sumário, concluído em julho de 1906, determinaria pena capital para 36 marinheiros e centenas de deportações.[1]

Em fevereiro de 1917, os marinheiros de Kronstadt voltariam à ação, em uma nova insurreição. Dezenas de oficiais foram presos e quarenta deles, executados, inclusive o comandante da base, o almirante Robert Viren. Toda a frota do Báltico entrou em ebulição; oitenta oficiais foram eliminados, entre eles vários almirantes.

Ao longo das primeiras crises, em abril e julho, os marinheiros reapareceriam como uma guarda avançada do processo em curso. Foi por esta razão que Trótski se referia a eles como "o orgulho e a glória" da revolução.

Desde maio, aliás, Kronstadt proclamara-se território autônomo em relação ao Governo Provisório, determinando que eventuais leis ou decretos só teriam validade nos limites da base caso fossem aprovados pelo soviete local, onde predominavam bolcheviques, SRs de esquerda, anarquistas e radicais sem partido. Numa atmosfera de grande efervescência, realizavam-se assembleias continuamente, com a participação de deputados dos navios, dos bairros, das administrações e das fábricas ali existentes. A cidade e a base auto-organizavam-se, formando milícias, comitês de navios, de fábricas, de oficinas, comissões de abastecimento, bem como pequenas "comunas" agrícolas dedicadas ao cultivo de hortas e pomares para autoabastecimento.

Em agosto, na resistência à tentativa de golpe liderada pelo general Kornilov, também na Insurreição de Outubro e, em particular, no cerco e tomada do Palácio de Inverno, os marinheiros novamente desempenhariam papel decisivo. Ademais, muitos deles, de origem rural, antes e depois de outubro, participariam ativamente do processo de revolução agrária que expropriou, pela violência, os burgueses e nobres proprietários de terra.

Em janeiro de 1918, foi um destacamento de marinheiros da base que fechou as portas da Assembleia Constituinte. Entretanto, em virtude de seu radicalismo, muitos se oporiam aos termos do Tratado de Brest-Litovski e acompanhariam os SRs de esquerda em suas lutas contra os bolcheviques. Alguns meses mais tarde, em outubro, registrou-se um motim em Kronstadt, rapidamente dominado, quando se ouviram protestos contra a "comissariocracia", o poder dos comissários, e pela constituição de "sovietes livres".[2]

A grande maioria, porém, estaria nas primeiras linhas de combate em defesa do governo revolucionário nas guerras civis que ensanguentariam a Rússia e regiões adjacentes entre 1918 e 1921. Embora com restrições à ditadura política, entendiam que se tratava, antes de tudo, de salvar a revolução. E para isso deram a vida não poucos marinheiros e graduados de Kronstadt.

Entretanto, desde meados de 1920, já vencidas as principais forças contrarrevolucionárias, começaram a eclodir movimentos de resistência ao chamado "comunismo de guerra", ou seja, às políticas centralistas e autoritárias empreendidas pelos bolcheviques. As requisições de cereais ensejavam desmandos insuportáveis. As arbitrariedades dos chefes militares Vermelhos suscitavam revolta. Os movimentos camponeses passaram à luta de fato em várias províncias: em Tambov, no médio Volga, na Ucrânia, no norte do Caúcaso e mesmo na Sibéria Ocidental. Em fevereiro de

1921, a *Tcheka*, a polícia política do regime, registrou 118 movimentos de protesto nas zonas rurais.[3]

Nas cidades, o enquadramento dos sovietes e dos sindicatos provocava protestos. Muitos bolcheviques reafirmavam a ideia de que os sindicatos e os comitês de fábrica deveriam ser apenas "correias de transmissão" das políticas adotadas pelo partido. Trótski chegou a defender a necessidade de transformar alguns exércitos vermelhos em "exércitos do trabalho" para "combater", com padrões da rígida disciplina militar, nas "frentes do abastecimento e do desenvolvimento econômico". No VIII Congresso dos Sovietes, realizado em dezembro de 1920, o último a ouvir vozes de uma oposição, mencheviques e SRS denunciaram essas e outras derivas do mesmo tipo.[4]

Mesmo no interior do Partido Bolchevique, surgiram tendências críticas à ditadura política. O grupo "Centralismo Democrático", por exemplo, reuniu dezenas de lideranças, pressionando pela adoção de critérios e valores democráticos; a chamada "Oposição Operária" congregou sobretudo dirigentes operários e sindicais que reivindicavam maior autonomia das "bases" em relação ao centro governamental.

Sensível a essas demandas, ainda antes do fim de 1920, o CCP editou decretos amenizando as condições em que eram aplicadas as políticas do "comunismo de guerra", mas a situação de conjunto permanecia exasperando as gentes.

Assim, em janeiro e fevereiro de 1921, houve greves em Moscou, Petrogrado e em outras cidades. Reivindicavam-se melhoria nos padrões de racionamento, o fim da política de requisições, a abolição dos controles nas estradas de ferro e de rodagem e liberdade para que cada um pudesse se abastecer como lhe aprouvesse. A repressão dos grevistas, acusados de "egoísmo" e de "particularismo", não aliviou as tensões. Prisões maciças de mencheviques e de SRS também não conseguiram extinguir os protestos, que se desdobravam em reivindicações políticas por liberdade de organização e de manifestação, pelo fim da militarização do trabalho e, em alguns lugares, pela convocação da Assembleia Constituinte dissolvida em janeiro de 1918.

No final de fevereiro de 1921, quando boatos desencontrados sobre greves e repressão chegaram a Kronstadt, de imediato se criou um clima de agitação. As tripulações de dois navios fundeados na base, o *Sebastopol* e o *Petropavlovsk*, resolveram enviar representantes a Petrogrado em busca de informações.

Foi no retorno desses delegados, quando se ouviram e discutiram as notícias em primeira mão, que uma grande assembleia no *Petropavlovsk*, em 28 de fevereiro, decidiu formular uma longa resolução, considerada uma espécie de "carta" da insurreição dos marinheiros de Kronstadt.[5]

Os seguintes pontos foram enunciados: solidariedade aos grevistas de Petrogrado; liberdade de manifestação para todas as correntes partidárias; libertação imediata de todos os presos políticos; formação de uma comissão independente para investigar os campos de trabalho forçado; eleições para renovar os sovietes na base do voto secreto, controladas por instituições plurais e independentes do governo; igualdade de ração para todos com o fim dos privilégios e regalias de qualquer natureza, salvo para os que estivessem ocupados em trabalhos insalubres; supressão das requisições armadas; liberdade para camponeses e artesãos que não empregassem trabalho assalariado fazerem o que bem entendessem com o resultado de seu trabalho; convocação de uma grande assembleia, a ser realizada em Petrogrado antes de 10 de março, com a reunião de representantes de operários, camponeses, soldados e marinheiros.

Uma ampla reunião, em 2 de março, na praça da Âncora, aprovou essa resolução. Participaram da assembleia o comissário político da base, N. Kuzmin, o comissário político da frota do

Báltico, P. Vassiliev, e o presidente do CEC dos Sovietes, Mikhail Kalinin, todos dirigentes bolcheviques. Apesar das advertências — e ameaças veladas —, a imensa maioria resolveu manter um estado de rebelião de fato.[6]

Foi então constituído um Comitê Revolucionário Provisório (CRP), formado por nove marinheiros, cinco operários e um mestre-escola. Eram eles: Stepan Petritchenko (empregado na Intendência do *Petropavlovsk*), Iakovenko (telefonista em Kronstadt), Osossov (mecânico do *Sebastopol*), Arkhipov (suboficial mecânico), Perepelkin (eletricista do *Sebastopol*), Patruchev (suboficial eletricista do *Petropavlovsk*), Kupolov (enfermeiro), Verchinin (marinheiro do *Sebastopol*), Tukin (operário numa fábrica eletromecânica), Romanenko (vigia de docas), Orechin (mestre-escola), Valk (operário serralheiro), Pavlov (operário mineiro), Baikov (chefe dos transportes na seção de construção da fortaleza) e Kilgast (piloto de alto-mar).[7]

No dia seguinte começaria a publicação diária do *Izvestia*, do CRP, uma das fontes mais importantes da Revolução de Kronstadt. O nome por extenso era Notícias do Comitê Revolucionário dos Marinheiros, dos soldados Vermelhos e dos operários da cidade de Kronstadt. Teve catorze edições, até o dia 16 de março, véspera do esmagamento da insurreição.[8]

A Carta aprovada pelos marinheiros ainda se enquadrava nos parâmetros do regime vigente. Reclamava e propunha reformas importantes, mas não se colocava em confronto aberto com os bolcheviques. Kalinin, inclusive, pôde sair da base militar sem problemas e retornou a Petrogrado, embora os dois outros dirigentes comunistas, Kuzmin e Vassiliev, tenham sido presos. Contudo, os cerca de 2 mil militantes comunistas registrados na base continuaram a usufruir de liberdade total, intervindo nas assembleias e participando das eleições de deputados dos comitês existentes.

Apesar disso, o movimento seria veementemente denunciado pelo Soviete de Petrogado, liderado por Zinoviev, como expressão de uma contrarrevolução inspirada pelos Cem-Negros (Tchornaia Sotnia ou Tchernosotentsy) — grupos paramilitares criados e incentivados pela polícia política tsarista para organizar pogroms contra judeus e assassinar revolucionários e intelectuais progressistas. Atribuir o movimento dos marinheiros aos Cem-Negros era uma provocação de baixo calibre, destinada a polarizar e a radicalizar o conflito. Um mau augúrio para um processo que apenas se iniciava.

Dois outros movimentos, ao mesmo tempo, evidenciariam as disposições dos bolcheviques: de um lado, importantes concessões aos operários insatisfeitos da região e da cidade de Petrogrado — aumento das rações, liberdade para providências visando ao autoabastecimento e suspensão dos controles nas estradas de ferro e de rodagem que levavam à cidade. Foi o bastante para que as greves refluíssem, configurando o isolamento de Kronstadt —; de outro, as famílias dos marinheiros que residiam em Petrogrado foram detidas como reféns. Caso os comunistas e seus dirigentes fossem reprimidos ou maltratados pelos rebeldes, as famílias destes pagariam por isso.

No dia 5 de março, os bolcheviques apresentaram um ultimato à rebelião: rendição incondicional — se o fizessem, nada lhes aconteceria — ou a derrota pelas armas.

Não tendo havido resposta, no dia 7 de março começou o bombardeio da ilha, dando início ao confronto armado.

Os bolcheviques atacaram porque tinham pressa. Embora os movimentos grevistas operários houvessem recuado, ninguém era capaz de garantir que não seriam retomados a qualquer momento. Por outro lado, as cinzas remanescentes das revoltas agrárias ainda estavam quentes. Não haveria brasas por ali, subjacentes? Sem mencionar as oposições socialistas e Brancas, prontas para voltar a intervir se as circunstâncias fossem favoráveis. Era de temer o efeito contaminação, possível, caso a revolta perdurasse. Se isso se concretizasse naquela sociedade na qual ninguém mais aguentava o prosseguimento das guerras civis, intermináveis, o que poderia acontecer? Um novo processo caótico?

A recomendar a urgência, havia ainda mais um detalhe importante: as águas do golfo da Finlândia congelam-se, em média, por quatro meses, entre novembro e março. Se sobreviesse o degelo, previsto para o final de março, a base-fortaleza, com seus canhões e navios de guerra, poderia se tornar inexpugnável. Finalmente, em 8 de março, abriu-se, em Moscou, o x Congresso do Partido Comunista Bolchevique da Rússia — PC(b)R —, denominação assumida desde 1918. Não seria nem um pouco confortável e estimulante para os bolcheviques desenvolver os trabalhos do congresso simultaneamente a uma revolta incontrolada, prestes a se tornar incontrolável.

Às primeiras bombas, os marinheiros responderam com a radicalização de suas propostas. Em 8 de março, publicaram um novo texto: "Por que nós combatemos". Já não se tratava mais de um conjunto de críticas e de reivindicações. Anunciava-se uma "terceira revolução" contra a "Assembleia Constituinte e seu regime burguês" e, ao mesmo tempo, "contra a comissariocracia, a ditadura comunista, a *Tcheka* e seu capitalismo de Estado". Ao poder comunista se reservava a crítica de ser "pior que o tsarismo".

O ponto de não retorno fora ultrapassado. Como alternativa revolucionária, os marinheiros de Kronstadt estavam condenados a vencer ou a perecer.

A segunda hipótese pareceu se configurar cedo. Apelos aos operários e camponeses, publicados nos dias seguintes, para que oferecessem apoio à rebelião, não surtiram efeito. Um texto, publicado em 11 de março pelo jornal dos insurretos, esclarece o quadro do ânimo que movia os marinheiros: "Camaradas operários:

Kronstadt luta por vocês, pelos famintos, pelos que sofrem do frio, pelos sem casa. Kronstadt hasteou a bandeira da revolta, confiando que dezenas de milhões de operários e camponeses responderão à sua chamada. É preciso que a madrugada que acaba de raiar em Kronstadt se converta no sol brilhante de toda a Rússia. É preciso que a explosão de Kronstadt reanime a Rússia inteira e, em primeiro lugar, Petrogrado".[9]

Mas a "madrugada" não raiaria em parte alguma. A insurreição estava isolada.

Até o dia 16, desdobrou-se uma guerra de desgaste. Bombardeamentos sucessivos alternavam-se com escaramuças em meio ao gelo. Em Kronstadt provisões e munições escasseavam. Os bolcheviques concentraram suas melhores tropas para a derradeira ofensiva e também os melhores chefes militares, provados nas guerras civis, como Sergei Kamenev e Mikhail Tukhachevski. Quase 75 mil homens lutavam contra apenas 15 mil.

No último número do *Izvestia* da ilha, um texto elucidativo, "O socialismo entre aspas", soava como um testamento, evidenciando as reflexões e os propósitos daqueles revolucionários. Passara a haver na Rússia, segundo eles, "um socialismo de Estado", baseado na "escravidão", e não "no trabalho livre". Os operários, de "escravos dos capitalistas", haviam se tornado "escravos das empresas do Estado", submetidos às cadências infernais do taylorismo importado das fábricas americanas. Os camponeses também conheciam uma nova servidão, acorrentados às fazendas do Estado ou obrigados a "trocar o pão pelo chumbo e pela baioneta". A restauração da pena de morte não era um fato isolado, mas um atributo necessário de uma nova ordem dominada ditatorialmente pelos comissários. Nesse quadro, a Kronstadt revolucionária fora a "primeira a quebrar os grilhões e as grades de ferro da prisão". Ela lutara por um socialismo diferente, em que o produtor fosse senhor da sua produção — os campos para os camponeses, as fábricas para os operários —, dispondo dela livremente e como bem entendessem.

Atravessava o texto uma atmosfera de derrota reconhecida, como se fossem palavras enviadas ao futuro.

O assalto final deu-se no dia 17 de março. Pelo norte e pelo sul, em vagas sucessivas, as tropas soviéticas tomaram a base.

Antes do fim do dia, a ordem reinava em Kronstadt.

Entre os defensores, cerca de seiscentos mortos, mil feridos e 2500 prisioneiros. Os assaltantes também registraram perdas pesadas: aproximadamente 10 mil homens, entre mortos e feridos. A maioria dos chefes da "terceira revolução", contudo, conseguiu escapar, acompanhados por milhares de marinheiros, pelas águas congeladas, rumo ao exílio na Finlândia.

Como sempre acontece, mal dado o último tiro, começaram as batalhas de ideias e de versões pelo significado daquele movimento.

Na historiografia soviética e comunista, o movimento derrotado foi caracterizado como uma contrarrevolução de inspiração Branca. Os marinheiros teriam sido usados como "buchas de canhão". A interpretação fundamentava-se em ações e articulações, comprovadas, de chefes militares vinculados ao regime tsarista deposto, e que serviam em Kronstadt, com agentes a soldo do Estado francês, os quais, em certo momento, imaginaram fazer da base militar e dos marinheiros uma cabeça de ponte com vistas a promover a derrocada dos bolcheviques na perspectiva de restauração da ordem tsarista. Seria particularmente destacada a participação do general A. Kozlovski, chefe da artilharia da base de Kronstadt, a serviço do Exército Vermelho, assim como de numerosos colegas, a quem se atribuíram, durante a insurreição, propósitos claramente contrarrevolucionários.[10]

Documentos escritos e testemunhos colhidos, atestando esses planos, foram, de fato, encontrados mais tarde.[11] Versões que desqualificavam o movimento de Kronstadt acabaram se fortalecendo porque, uma vez no exílio, alguns chefes, como o principal deles, S. Petritchenko, efetivamente propuseram diálogo e aliança com o general barão Von Wrangel, na época exilado no Norte da África, com tropas remanescentes, sob proteção dos franceses. Por diversos motivos, tais planos não se concretizaram. Por outro lado, alguns argumentos enfatizaram que as tripulações dos navios e da base, em virtude da sangria das guerras civis, já tinham se transformado e não guardavam vínculos com os marinheiros de 1917. A importante presença de marinheiros de origem ucraniana ou dos Países Bálticos (Letônia e Estônia) seria igualmente apontada como fator-chave de descontentamento, uma vez que a política bolchevique reprimira as aspirações independentistas de ucranianos, letões e estonianos — nos dois últimos casos, sem sucesso. Tudo isso abalou profundamente o prestígio e a credibilidade do movimento, contribuindo para a sua desmoralização.[12]

Entretanto, na análise das reflexões e dos discursos dos principais chefes bolcheviques, responsáveis pelas ordens que levaram à derrota de Kronstadt, é visível o constrangimento com que se referem ao episódio, o que não se coaduna com a caracterização de que ali houvera apenas um surto contrarrevolucionário.

Lênin seria o primeiro a reconhecê-lo: "Os marinheiros não queriam Brancos nem Vermelhos". E numa metáfora elucidativa: "Eles foram o relâmpago, melhor do que qualquer outro, que iluminou a realidade".[13] Bukharin o acompanharia, admitindo que o movimento dos marinheiros foi, antes de tudo, contra o "comunismo de guerra" e a ditadura política. No III Congresso da Internacional Comunista, realizado em junho de 1921, ele diria com todas as letras: "Não podemos considerar os marinheiros de Kronstadt como inimigos, nós os amamos como verdadeiros irmãos, nossa carne e nosso sangue".[14] Trótski, que, no calor dos acontecimentos, não poupou termos insultuosos e chamou os revoltosos de "anarcobandidos", reconheceria que a grande maioria dos comunistas de Kronstadt permaneceu neutra ou participou ativamente do processo. Em relação à repressão, diria que foi "uma necessidade trágica".[15] Também constrangido, a atribuiu, mais tarde, a Zinoviev, chefe bolchevique do Soviete de Petrogrado durante o conflito. Nesse aspecto, trata-se de uma falsificação, visto que as ordens para destruir a "terceira revolução" partiram dele mesmo, na época dirigente máximo do Exército Vermelho.

Os bolcheviques evitaram igualmente um processo público contra os responsáveis pela insurreição. Compareceram aos tribunais apenas treze participantes em julgamento sem maior repercussão, sem a presença de nenhum líder, embora quatro estivessem presos, nas mãos da polícia política do regime.

Num plano mais geral, é certo que o movimento dos marinheiros contribuiu para a formulação e a aplicação da chamada Nova Política Econômica, a NEP, que, a despeito de manter e até enrijecer os padrões de ditadura política, inclusive no interior do Partido Comunista, promoveu uma abertura econômica notável e efetiva. Mediante uma série de medidas, a começar pela fixação de um imposto in natura, teve início a superação do "comunismo de guerra": pagas as taxas fixadas, os camponeses adquiriram liberdade de fazer o que desejassem com suas colheitas. Foi restabelecida a liberdade de comércio. Novas leis previram que pequenas empresas (perto de 10 mil) fossem devolvidas aos proprietários antigos ou a coletivos de operários que estivessem dispostos a geri-las. Até mesmo decretos autorizando investimentos estrangeiros foram editados, embora sem êxito. Políticas orçamentárias, monetárias e fiscais começaram a ser regidas por princípios que consideravam a existência de um mercado livre, o qual, apesar de regulado, passou a existir efetivamente.

Na esfera cultural, a atmosfera da NEP também produziu efeitos, com margens consideráveis de liberdade de criação, o que permitiu a constituição de diversas tendências e organizações e uma floração notável de obras artísticas e literárias.

Contudo, a proposta de redemocratização das estruturas soviéticas — era o que a "terceira revolução" tinha de essencial — foi definitivamente sepultada e esquecida. Uma opção descartada. Uma porta histórica se fechou. O fechamento marcaria com o selo da ditadura política a experiência do socialismo soviético até a sua dissolução, décadas depois, assim como as principais experiências socialistas no século XX.

Ecoando, por sobre os escombros e as ruínas da alternativa vencida, ficou apenas o silêncio dos mortos de Kronstadt, que, às vezes, porém, como tristemente observou Emma Goldman, "fala mais alto do que a voz dos vivos".[16]

Praça Vermelha, em Moscou. Imagem do período anterior à revolução. À esquerda, o Museu Histórico; à direita, uma grande galeria comercial, ao estilo da belle époque, inaugurada em fins de 1893.

Vista de Petrogrado, da margem direita do rio Neva. À esquerda, parte do Palácio de Inverno; ao centro, monumento em homenagem ao tsar Pedro, o Grande; à direita, a catedral de santo Isaac.

Vladímir Lênin (1870-1924), líder da Revolução de Outubro e do Partido Bolchevique; presidente do Conselho dos Comissários do Povo (CCP), primeiro governo revolucionário instaurado pelos vitoriosos.

Iakóv Sverdlov (1885-1919), líder bolchevique; secretário de organização do Partido Bolchevique até sua morte.

Vladímir Maiakóvski (1893-1930), poeta, dramaturgo e pensador russo revolucionário, considerado por muitos "o poeta da revolução".

Anatoli Lunatcharski (1875-1933), comissário do povo para a Educação no primeiro governo revolucionário, instaurado em outubro de 1917. Ao longo dos anos 1920, desempenhou papel importante na "abertura cultural" então vigente.

Vladímir Antonov-Ovseenko (1883-1938), dirigiu a tomada do Palácio de Inverno na revolução de outubro de 1917.

Liev Trótski (1879-1940), presidente d Soviete de Petrogrado durante a Revolução d Outubro; comissário do povo para as Relaçõe Exteriores; organizador e chefe do Exércit Vermelho na época das guerras civi

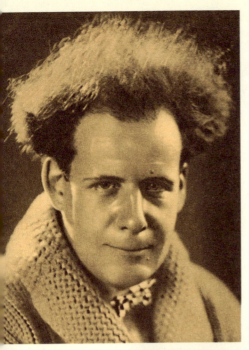

Serguei Eisenstein (1898-1948), diretor e teórico do cinema, pioneiro na técnica de montagem. Autor de clássicos do cinema mundial como *O encouraçado Potemkin* (1925), *Outubro* (1927) e *Ivan, o Terrível* (1944).

Ióssif Stálin (1878-1953), dirigente bolchevique; comissário do povo para as Nacionalidades Não Russas. Em fins dos anos 1920, tornou-se o grande líder dos comunistas russos, e de todo o mundo, até sua morte.

Pôster do filme *O encouraçado Potemkin*, 1928, de Serguei Eisenstein. O longa narra a revolta de marinheiros na Revolução de 1905.

As mulheres camponesas sofriam a dupla opressão: dos proprietários de terras e dos maridos, no contexto da família patriarcal.

Passeata organizada pela Liga pela Igualdade dos Direitos das Mulheres, em 23 de fevereiro de 1917. Daria início à sucessão de manifestações que derrubaria, cinco dias depois, a autocracia tsarista.

Soldados checando documentos em rua próxima ao Palácio Tauride, em Petrogrado, 1917. Depois da Revolução de Fevereiro, o controle da circulação pelas ruas da capital tornou-se comum em todas as crises políticas.

Manifestação em frente ao Palácio de Inverno, em Petrogrado, em abril de 1917. A pressão popular conduziria à derrubada do primeiro Governo Provisório, constituído após a Revolução de Fevereiro.

A Revolução de Outubro em Moscou enfrentou importante resistência armada. Imagem dos incêndios provocados pelos combates na cidade.

O cruzador *Aurora* participou dos combates que levaram à tomada do Palácio de Inverno na Revolução de Outubro de 1917. Tornou-se um ícone revolucionário.

Cena do filme *Outubro*, 1927, de Serguei Eisenstein. O longa-metragem recria os eventos da Revolução de Outubro de 1917. Na cena, a tomada do Palácio de Inverno, na noite do dia 25.

Em Moscou, para onde a capital do país fora transferida, manifestação civil e militar celebra o primeiro aniversário da Revolução de Outubro, 1918.

Trem blindado do Exército Vermelho, 1918. A organização de trens armados desempenhou papel relevante na vitória bolchevique nas guerras civis. Circulando em "linhas interiores", esse tipo de trem podia deslocar efetivos e armamentos para pontos quentes das diferentes frentes de batalha.

Durante as guerras civis, Brancos e Vermelhos usaram cartazes para se atacar mutuamente. Este pôster de 1919 caricatura Trótski e associa os bolcheviques a execuções, repressão e morte.

Pôster de Victor Deni, 1920. A propaganda revolucionária mostra Lênin varrendo do mundo nobres, padres e burgueses. Na legenda: "O camarada Lênin limpa a terra da sujeira".

Pôster de Kazimir Malevich, 1920. Feito no período das guerras civis, o cartaz coloca a arte abstrata a serviço da revolução. Nos dizeres: "Com a cunha vermelha, bata nos Brancos".

Em 1921, depois das guerras civis, epidemias associadas à subnutrição e à fome mataram milhões de pessoas na Rússia.

Em Moscou, na praça Vermelha, parada militar em celebração do décimo aniversário da Revolução de Outubro, 1927.

Operário e camponesa, 1937, de Vera Mukhina. Símbolo da aliança entre operários e camponeses, e também entre mulheres e homens, a estátua, erguida em Moscou, tornou-se um ícone da revolução e do realismo socialista.

Pôster soviético caricaturando políticos ocidentais que entregam ao "lobo" alemão, numa bandeja, a Tchecoslováquia (Acordo de Munique, 1938). Em suas mãos, numa flâmula, se lê: "Para o Leste!", um estímulo para que os nazistas invadissem a União Soviética. Ao fundo, à esquerda, uma representação do capital financeiro internacional.

No contexto do culto à personalidade de Stálin, ele passou a figurar no panteão dos líderes comunistas. O pôster soviético de *c.* 1960 celebra essa mutação. A legenda diz: "Celebremos a poderosa bandeira de Marx, Engels, Lênin e Stálin".

Em Moscou, na praça Vermelha, celebração dos cinquenta anos da Revolução de Outubro, 1967.

PARTE II
OS ATORES ESQUECIDOS

1. Os camponeses e as revoluções russas

É de certo modo paradoxal que os camponeses tenham merecido tão pouca atenção nos estudos das revoluções russas. Afinal, apesar da precariedade das estatísticas, há um consenso de que cerca de 85% da população vivia no campo, segundo dados do recenseamento de 1897, o último realizado antes da Revolução de Outubro.[1] Além disso, se é verdade que houve alto desenvolvimento econômico e urbano, em particular desde os anos 1880, e a produção industrial tornou-se a principal força dinâmica da economia, a Rússia permanecia, às vésperas de 1917, uma sociedade agrária.

A relativa escassez de referências sobre o assunto pode estar ligada a vários fatores. Entre outros, poderiam ser mencionados a atração exercida pelas cidades e pelos acontecimentos que nelas se verificaram, muito importantes para os rumos das revoluções; o caráter "urbanoide" da imensa maioria dos historiadores, nascidos e formados nas cidades; a disponibilidade dos arquivos referentes aos centros urbanos, mais acessíveis; as polêmicas promovidas pelos bolcheviques ou sobre eles, um partido eminentemente urbano e que tomaria as rédeas do poder em outubro de 1917; o pouco interesse da historiografia soviética, que, acompanhando os bolcheviques, sempre subestimou a capacidade e a dinâmica revolucionárias dos camponeses; a prevalência de uma história política, enfatizando a questão do Estado, dos partidos e das lideranças políticas urbanas; a importância assumida, sobretudo no período da Guerra Fria, pelas discussões sobre o totalitarismo, priorizando igualmente a dimensão política a partir da ação do Estado.

Embora esses fatores sejam plausíveis, a melhor elucidação do processo revolucionário passa pela investigação, o debate, a compreensão e a interpretação a respeito de como agiu este incontornável ator social — o camponês. Ele não foi nem um pouco ausente; ao contrário, sua atuação foi absolutamente decisiva para que a revolução fosse vitoriosa. E seus interesses, pelo menos até 1921, se impuseram com uma força irresistível.

A tradição revolucionária do campesinato russo é rica de conflitos e guerras. Entre as principais, figuram as insurreições cossacas de 1670-1671, lideradas por Stenka Razin, e a guerra agrária empreendida por cossacos e camponeses em 1773-1774, liderada por Iemelian Pugachev. No século XIX, as reformas dos anos 1860, que levaram à abolição da servidão e a outras mudanças de grande alcance histórico, seriam impensáveis sem as revoltas camponesas subsequentes à Guerra da Crimeia (1853-1856).

As agitações e os conflitos agrários permaneceriam assombrando as elites sociais e voltariam a alcançar momentos agudos nos anos 1890, e, em especial, no curso da Revolução de 1905, quando os camponeses ressurgiram como atores sociais relevantes com suas demandas favoráveis à distribuição radical e igualitária das terras. Todos esses movimentos, considerados ameaçadores, obrigaram à reconsideração, em profundidade, da questão agrária e à formulação de um projeto de reforma (1906) com o objetivo de criar uma camada de pequenos proprietários livres e autônomos em relação aos grandes proprietários e às amarras das comunas agrárias tradicionais, o *mir*. A rigor, foram duas reformas, empreendidas por Piotr Stolypin: a primeira, editada em 5 de outubro de 1906, conferia aos camponeses os mesmos direitos jurídicos que ao restante da população. A segunda, de 9 de novembro do mesmo ano, os autorizava a reivindicar como sua propriedade o lote que lhes fora atribuído pelo *mir*.

As reformas tiveram algum sucesso, assustando os donos da terra. Como resultado, emergiu um contingente de pequenos proprietários privados, "camponeses separados", como eram chamados pelos que ficaram no *mir*, mas sem grande efeito sobre o conjunto do sistema, pois o processo acabou paralisado pelas resistências suscitadas. Não foi possível estruturar algo que se assemelhasse a um "colchão conservador" entre os grandes proprietários e os mujiques comuns, como almejava Stolypin.

A tradição revolucionária camponesa, no entanto, não impediu que se formasse, nas elites sociais russas, conservadoras e mesmo nas revolucionárias, a ideia de que os camponeses eram resignados, passivos, amorfos — em suma, atrasados, "negros" —, o que contaminou em larga medida a historiografia. O termo russo *tchorny* (чёрный, "negro", "escuro") foi sempre utilizado, mesmo por revolucionários, para designar o obscurantismo e o atraso dos camponeses. Aliás, a palavra russa *mujik* (мужик), que de modo geral designa o camponês, literalmente quer dizer "pequeno homem" ou "homenzinho", com uma carga pejorativa evidente.

Logo depois da Revolução de Fevereiro, porém, os camponeses retomariam suas tradições insurgentes. Assembleias reunidas nas aldeias fariam ouvir a "voz camponesa", enviando ao Governo Provisório resoluções em que se reivindicavam a distribuição igualitária das terras, a revisão para baixo dos arrendamentos, a moratória das dívidas, a redistribuição dos pastos e o direito de cortar madeira nos bosques e florestas sem autorização dos senhores. No plano político, as mais ousadas demandavam o fim da guerra, a convocação de uma Assembleia Constituinte e até mesmo a proclamação da República.[2]

Há controvérsias sobre o momento em que o "galo vermelho" começou a cantar nos campos russos em 1917. Em abril, ou já desde março?[3] Desde o verão, porém, as fontes policiais são concludentes — desencadeia-se uma autêntica revolução agrária que nos meses seguintes, ainda antes da Insurreição de Outubro, alcançaria dimensão geral. Em julho, reportaram-se 1777 casos de violência no campo; entre 1º de setembro e 20 de outubro, seriam 5140 registros.[4] Tratava-se de expulsar e/ou eliminar, "de uma vez por todas", os odiados proprietários de terra.

Na província de Tambov, o processo teve início em 24 de agosto, com a morte do príncipe B. Viazemski, grande proprietário local. Desde a primavera, os camponeses reclamavam, em vão, a devolução de milhares de hectares, pertencentes às comunas rurais e delas subtraídas como "punição" por terem participado nas agitações da Revolução de 1905. Incentivados por desertores armados, que haviam retornado das frentes de batalha, cerca de 5 mil camponeses invadiram as terras do príncipe, neutralizaram o pequeno destacamento de cossacos que fazia a guarda dos domínios, prenderam-no e o julgaram, condenando-o a ir para as trincheiras, para "aprender a defender a pátria e a combater como um mujique". Entretanto, a sede de vingança era maior. Enfurecida, a multidão linchou Viazemski, matou empregados e parentes, incendiou a casa-grande e distribuiu os mais de 10 mil hectares entre diversas comunas agrícolas.[5]

A província de Tambov pegou fogo depois desse "evento". E o que aconteceu naquele 24 de agosto não foi um episódio isolado. Nem Tambov uma província à parte. Por todo lado, multiplicaram-se, sob orientação dos comitês agrários, tomadas de terra, incêndios, depredações, linchamentos, pilhagens. A guerra agrária. A realização de uma antiga utopia: a partilha negra (*Tchorny peredel*).

O interessante é que a radicalização dos campos ultrapassou as próprias lideranças reconhecidas, os SRS. No I Congresso Panrusso dos Camponeses, realizado em maio de 1917, em Petrogrado, embora se tenha aprovado um programa de nacionalização das terras, sua concretização foi remetida à Assembleia Constituinte. Fora uma aposta — perdida — na paciência dos mujiques. Em decorrência, apareceu uma fração de esquerda, os SRS de esquerda: acompanhados por bolcheviques e anarquistas, passaram a incentivar a revolução agrária. Os desertores desempenhariam também papel-chave, reforçando, com sua presença, experiência e decisão, as ações camponesas.

A importância crucial das duas reivindicações centrais dos camponeses — interromper a guerra e distribuir as terras — se evidenciaria no chamado à paz e no Decreto sobre a Terra, primeiras decisões do II Congresso Panrusso dos Sovietes de Deputados Operários e Soldados. Um reconhecimento e uma consagração jurídica de uma revolução em grande medida consumada.

Entretanto, havia duas divergências, históricas, e maiores, entre os SRS e os bolcheviques: primeiro, em relação à terra, os primeiros defendiam a extinção da propriedade privada, sua nacionalização e parcelamento generalizado. Já os bolcheviques, embora concordassem com os dois primeiros princípios, prefeririam propriedades coletivas (estatais, cooperativas, comunais), consideradas mais aptas para viabilizar uma produção mecanizada, capaz de abastecer as cidades num processo de desenvolvimento econômico socialista. Segundo, os SRS viam-se como intérpretes dos camponeses em seu conjunto. Reconheciam distinções, mas não as julgavam relevantes. Já os bolcheviques insistiam em que a aliança dos operários deveria se tecer com os camponeses pobres (*biedniaks*) e os assalariados agrícolas (*batraks*). Os camponeses ricos (*kulaks*) eram considerados uma espécie de "burguesia rural". Quanto aos chamados camponeses médios (*seredniaks*), havia certa fluidez — ora apareciam como aliados, ora não eram referidos. Convém recordar que tais distinções obedeciam a critérios socioeconômicos, e, não obstante habitassem a literatura especializada, não eram reconhecidos ou incorporados na prática pelos movimentos camponeses.

Desde maio, contudo, os bolcheviques aderiram por completo ao programa dos comitês agrários, aprovado no I Congresso Panrusso dos Camponeses, silenciando, mas não revogando formalmente, os próprios pontos de vista. Nos documentos bolcheviques, até outubro, é frequente encontrar menções aos camponeses pobres e/ou aos assalariados agrícolas como aliados preferenciais do operariado.

Pouco depois da insurreição vitoriosa, um decreto assinado em 3 de novembro pelo comissário da Agricultura, Milyutin, assinalou uma primeira tentativa de institucionalizar e "enquadrar" os comitês agrários, sem grande êxito.[6] Cinco dias mais tarde, Lênin escreveria um texto, publicado no *Izvestia*, onde celebrava a aliança entre operários, soldados e camponeses. Ele reafirmou que os comitês distritais (*volosts*) deveriam "tomar a terra e as propriedades" e delas cuidar, pois eram "do povo". A legitimidade dos comitês era reconhecida: "Todas as suas decisões, de acordo com as leis gerais, são legais e devem ser implementadas incondicional e imediatamente". E prometia: "O governo de operários e camponeses trabalha para conseguir a união das massas camponesas [...] *os camponeses mais pobres* [...] e a *maioria* dos camponeses com os operários, contra os senhores de terra e os capitalistas". A base econômica dessa aliança assim se estabelecia: "Os operários [...] acelerarão a produção de máquinas e instrumentos (agrícolas) e reivindicarão dos camponeses ajuda na provisão de comida".[7]

O texto parecia claro, mas, a uma melhor análise, era sibilino.

Era possível identificar ali três ressalvas. A terra fora tomada pelos camponeses e estava nas mãos destes, todavia a propriedade era do "povo", e não propriamente deles. As decisões dos comitês deveriam ser implementadas "incondicional e imediatamente", desde, porém, que estivessem de acordo com as "leis gerais", editadas pelo governo, ou seja, estabelecia-se uma hierarquia que encerrava, ou pretendia encerrar, o período de completa autonomia dos comitês agrários. Finalmente, e mais importante, a aliança entre operários e camponeses era clarificada — ela devia se formar com "os mais pobres", ou com a "a maioria", uma concepção que implicava e previa uma divisão entre os camponeses. Seria ainda legítimo formular a seguinte indagação: se a "base" da aliança operário--camponesa pressupunha a troca de instrumentos agrícolas por comida, o que aconteceria se as cidades fossem incapazes de produzir os bens manufaturados de que os camponeses careciam?

Contudo, não ocorreram reflexões e debates sobre esse importante texto. A questão da consolidação do poder revolucionário era mais urgente. Deste ponto de vista, os resultados do II Congresso Panrusso dos Camponeses seriam decisivos. O Congresso apoiaria ou não a Insurreição de Outubro e a formação do CCP?

Os SRs de esquerda, em aliança com os bolcheviques, apressaram-se a convocar esse congresso, que se reuniu entre 10 e 25 de novembro em Petrogrado.[8] Entretanto, o CEC eleito no I Congresso, realizado no mês de maio anterior, controlado pelos SRs de direita, questionou sua representatividade, mas ele próprio havia sido duramente posto em questão, uma vez que se mantivera alheio à revolução agrária, ou francamente se opusera a ela. Além disso, Viktor Tchernov, líder dos SRs de direita, fora acusado de tentar formar um governo alternativo ao CCP, em articulações com os chefes militares do Exército, em Mogilev, sede do quartel-general.

Depois de muitas marchas e contramarchas, aprovou-se uma resolução em que se previa a fusão do CEC, a ser eleito pelo

Congresso Camponês, com o CEC eleito no II Congresso dos Operários e Soldados, com representações equivalentes. A partir daí, o CCP seria responsável perante o novo CEC. Foi um acordo laborioso, envolvendo bolcheviques, SRs de esquerda e de direita e o poderoso Sindicato dos Ferroviários, que ainda via com muitas ressalvas a Insurreição de Outubro e o próprio CCP.[9]

O programa político comum relacionava o Decreto da Terra, aprovado no II Congresso de Deputados Operários e Soldados, a soberania da Assembleia Constituinte, o controle operário e a paz imediata. Aprovou-se também uma resolução favorável a um governo socialista plural: todos os partidos socialistas, dos SRs de direita aos bolcheviques, desde que subscrevessem o programa indicado, poderiam integrar o governo.

Esses acordos, custosamente tecidos, não foram, porém, aprovados pelas instâncias dirigentes dos SRs de direita e dos bolcheviques. Os primeiros, liderados por Tchernov, passaram do questionamento à recusa em reconhecer a legitimidade do Congresso. Exigiam a convocação de um segundo congresso, amplamente representativo. Já os bolcheviques aceitavam o ingresso imediato no CCP dos SRs de esquerda e de representantes dos ferroviários, mas consideravam ainda insuficientes e equívocas as bases fixadas para um governo socialista plural.

Essas controvérsias não impediram bolcheviques e SRs de esquerda de celebrar, numa grande passeata, a unidade alcançada entre operários, soldados e camponeses, mas os SRs de direita denunciaram o evento como uma "falsificação das opiniões do campesinato" e ainda clamavam contra a expropriação da "maquinaria" do CEC sob seu controle por SRs de esquerda, apoiados por soldados sob ordens do Soviete de Petrogrado. Além disso, convocaram, a partir de 25 de novembro de 1917, o II Congresso de Deputados Camponeses.

Bolcheviques e SRs de esquerda curvaram-se a isso, e esse

congresso com efeito se reuniu na data prevista, em Petrogrado, e se estendeu até 12 de dezembro. Bem mais representativo do que o anterior, com 789 delegados, evidenciou novamente contradições insanáveis entre SRs de direita, de um lado, e SRs de esquerda e bolcheviques, de outro.[10]

Em meio a debates acalorados, que por vezes chegaram ao limite das vias de fato, e depois de muitas idas e vindas, consumou-se um "racha". Os deputados SRs de esquerda e bolcheviques, reunidos separadamente, elegeram um novo CEC[11] e criaram uma comissão especial para se apropriar definitivamente das instalações do CEC controlado pelos SRs de direita. Já os deputados identificados com os SRs de direita elegeram outra direção, convocando um terceiro congresso camponês para 8 de janeiro seguinte. Imaginavam poder contar com o apoio da Assembleia Constituinte, mas esta lhes seria de pouca valia, pois, como se sabe, foi fechada no dia seguinte à sua instalação, em 6 de janeiro de 1918.

Enquanto os representantes dos camponeses discutiam, o CCP decretou, em 30 de novembro, o monopólio estatal sobre a importação, a produção e a gestão de implementos e maquinaria agrícola. Os bolcheviques estavam convencidos de que, sem o fornecimento adequado de bens manufaturados aos camponeses, estes não abasteceriam as cidades e as Forças Armadas. O controle centralizado das manufaturas racionalizaria e viabilizaria o atendimento das demandas camponesas.

No mês seguinte, mais um passo: decretou-se a cobrança de um imposto progressivo in natura. Além disso, 40% das colheitas deveriam ser entregues aos sovietes distritais para garantir o abastecimento das cidades. A decisão, depois de suscitar protestos dos SRs de esquerda e debates vivos no CEC, foi afinal revogada por este. Segundo Yuri Larin, foi a única decisão do CCP a ser revogada pelo CEC naqueles meses quentes e urgentes que se seguiram à Insurreição de Outubro.[12]

Nos campos, o "galo vermelho" ainda cantava. Nos Urais, na Sibéria Ocidental, no baixo e médio Volga, na região dos lagos, nas províncias industriais do centro e do norte, a revolução agrária continuava a incendiar o país, alcançando províncias menos agitadas e atingindo os proprietários considerados menos arrogantes e "amigos" dos camponeses, todos acusados de ser "sugadores de sangue". Instalou-se a caça aos "gordos" e aos burgueses (*burjui*), um verdadeiro rolo compressor, em uma onda inédita de destruição e de ódio, com frequência acompanhada por orgias de sangue e de álcool. As crueldades praticadas habitualmente pelos grandes senhores voltavam-se contra eles e suas famílias. Nada era poupado nem ficava de pé. Das propriedades, não subsistiram móveis, bibliotecas ou coleções de arte — tudo foi transformado em ruínas. A instabilidade e a precariedade da ordem. A revolta da plebe rural e sua ira. Uma vingança histórica.[13]

O processo começou a alarmar os próprios bolcheviques e SRS de esquerda. Era preciso pôr ordem naquele "caos", mesmo porque a maioria dos decretos relativos ao "mundo rural" nem sequer saíra do papel. Foi com esse sentido que se aprovou a Lei Fundamental de Socialização da Terra, editada simbolicamente em 19 de fevereiro de 1918. A lei seria aprovada em três momentos sucessivos: o III Congresso Soviético, realizado entre 10 e 23 de janeiro, chancelou a primeira parte; no dia 27 seguinte, o CEC aprovou a sequência; por fim, o mesmo CEC, em 14 de fevereiro, estabeleceu os regulamentos da lei.[14] Assim, 57 anos depois da emancipação dos servos, considerada insuficiente e frustrada pelos revolucionários, decretava-se uma segunda e definitiva emancipação.

Entretanto, não foi fácil encontrar termos de entendimento entre o coletivismo socialista, urbano, dos bolcheviques e o igualitarismo "posseiro", agrário, dos SRS de esquerda.

É verdade que alguns aspectos básicos, já definidos pelo Decreto da Terra, formulado em outubro de 1917, eram comuns.

Seriam reafirmados a abolição definitiva da propriedade privada sobre a terra, os recursos minerais, as águas, as florestas e as riquezas naturais; a entrega de toda a terra aos trabalhadores, sem indenizações ou nenhum tipo de compensação; o direito à terra a quem a cultivava com o próprio trabalho, sem limitações ou exclusões devidas a sexo, religião, nacionalidade ou cidadania; a concepção de que o critério básico para o uso da terra agrícola era "o trabalho pessoal"; o princípio de que "ninguém deve ter mais [terra] do que pode trabalhar ou menos do que é necessário para uma vida digna"; a determinação de que "critérios locais e costumes devem ser reconhecidos".

As questões referentes à fixação de normas de consumo e de trabalho e da delimitação do lote de terra suficiente para prover um padrão de vida decente suscitaram igualmente amplos debates.[15]

Também foi consensual o estabelecimento de uma vasta rede de proteção social, prevendo pensões para as pessoas incapazes de trabalhar; todos teriam direito à assistência na morte, na velhice, na doença, ou nos acidentes de trabalho, além de garantias de seguro contra incêndios, colheitas fracas, secas e outras catástrofes naturais. Ainda levaria tempo para que esses direitos saíssem do papel, mas a lei indicava uma opção de futuro, destinada a sensibilizar as consciências e as vontades.

Entretanto, em relação às atribuições conferidas ao Estado, aos órgãos estatais e às propostas coletivistas ou coletivizantes, surgiram reservas, polêmicas e oposições.

Sobre a rede horizontal dos comitês agrários, a nova lei estruturava, com amplos poderes verticais, instituições, agências e sovietes provinciais, regionais e federais regidos pelo alto, pelo Estado, e não era evidente o papel que os camponeses, na base da sociedade, iriam desempenhar nesses níveis de decisão.

Por outro lado, os recursos minerais, as florestas, as águas e outros recursos naturais; o gado e os implementos agrícolas; as terras de reserva; os monopólios estatais do comércio das máquinas agrícolas e das sementes, do comércio interno e externo dos cereais; os projetos educacionais — tudo isso saía do controle dos comitês agrários, assim como todas as atividades ou os interesses que ultrapassassem os limites dos distritos.

Mais inquietante ainda era a ideia de que os sistemas coletivos de agricultura e as associações agrícolas ganhariam prioridade, por serem considerados "mais econômicos do que o trabalho individual" e por conduzirem a uma economia superior, socialista. Rezava a lei: "Os departamentos de terra dos sovietes, em todos os níveis, além de criar condições de melhorar as condições da agricultura e dos trabalhadores, incentivarão sistemas coletivos de agricultura à custa do trabalho individual, pois o primeiro é mais econômico e leva a uma economia socialista".

Não obstante, foi possível chegar a um texto comum. Mas ali haviam se manifestado concepções divergentes, expectativas contraditórias, projetos distintos.

Os SRs de esquerdas haviam concordado com o fechamento da Assembleia Constituinte, no entanto não viram com bons olhos o processo centralista de "enquadramento" dos sindicatos e dos comitês de empresa realizado em janeiro de 1918. Já os bolcheviques, cada vez mais, redescobriam os próprios programas coletivistas e suas alianças preferenciais, a saber, com os camponeses pobres e os assalariados agrícolas.

Àquela altura, acentuava-se de modo brutal a crise do abastecimento. As cidades passavam fome, literalmente. Era impossível, além disso, organizar novas forças armadas sob o reino da escassez de alimentos.[16] Um Congresso Panrusso do Abastecimento, realizado em janeiro, em Moscou, criara, sem grande sucesso, um Conselho Nacional de Abastecimento, constituído por bolcheviques, SRs de esquerda e indivíduos sem partido. As organizações centralizadas, os poderes conferidos ao Comissariado do Abastecimento, o *Narkomprod*, não tinham atenuado nem resolvido a crise, que atingia proporções catastróficas.[17] As instituições não funcionavam. Florescia o mercado negro. Pululavam os chamados "homens dos sacos" (*mechtchotchki*), assim chamados porque carregavam o que quer que fosse (farinha, batatas, ovos e laticínios, carnes), driblando controles, de um lado para o outro, atulhando os trens e demais meios de transporte, vendendo e comprando, especulando.

Desde janeiro, vinham sendo postas em prática medidas repressivas: patrulhas nas estações de estradas de ferro e controles armados nas vias de acesso às cidades. Em 15 de fevereiro, instaurou-se uma "comissão extraordinária" para cuidar do assunto. Chegara a hora da "guerra contra a especulação". No mesmo mês, o III Congresso dos Sovietes da Sibéria Ocidental aprovou penas de confisco e prisão contra os especuladores. Fixou-se um padrão para cada pessoa carregar consigo: dez libras de farinha, duas de manteiga e três de carne — cada libra equivalia a 453 gramas. Se alguém ultrapassasse o limite, deveria ser preso e entregue aos tribunais revolucionários. Se estivesse armado, que fosse imediatamente executado.[18]

A raiz da escassez residia na "greve dos camponeses", por sua vez, consequência da incapacidade do Estado — e das cidades — de fornecer-lhes os produtos industrializados que demandavam, como fósforos, sal, querosene, instrumentos de trabalho etc. Eles não aceitavam mais dinheiro, convertido pela inflação em "papel pintado". Trocariam sua produção por algo de que necessitassem ou usassem. Caso contrário, estocavam e se permitiam observar os problemas do governo e a fome dos citadinos com indiferença ou mesmo hostilidade.[19] Nesta perspectiva, os "homens dos sacos" eram consequência, e não a causa da crise — e da fome.[20]

Os SRs de esquerda criticavam o processo centralista e repressivo em curso. Mas a aliança com os bolcheviques conseguia equilibrar-se. Até que a corda, tensa, arrebentou em torno de outra questão: a paz de Brest-Litovski. Os SRs de esquerda não a consideraram aceitável, assim como a maioria dos socialistas e mesmo alguns bolcheviques. Em sinal de protesto, abandonaram o governo, deixando os bolcheviques monopolizar o CCP, embora continuassem no CEC, porém na oposição.[21]

Em 2 de abril, o governo, descrente do próprio dinheiro que emitia, decretou um sistema nacional de permuta. Era relacionada uma série de bens que interessavam aos camponeses: fios, couro, arreios, botas, galochas, fósforos, sabão, vela, querosene, óleos lubrificantes, máquinas agrícolas, arame farpado, ferraduras, pregos, cordas, utensílios de vidro, tabaco, sal, açúcar e chá. Proibiu-se a inclusão de vodca nas transações, mas, como se tratava de um dos bens mais desejados, foi impossível fazer valer a proibição. Para cada quantidade de produtos, fixavam-se equivalências em produtos agrícolas. Mas só as agências estatais poderiam empreender as operações de escambo. Se alguém, sem autorização expressa, fosse surpreendido nessas atividades, deveria ser preso e entregue aos tribunais revolucionários. Era muito complicado para dar certo. E foi justamente isso que aconteceu: não deu certo.

Radicalizou-se, então, a intervenção do governo com um novo decreto, de 13 de maio de 1918, que estabelecia normas para o abastecimento.[22] Entre outros poderes conferidos, estavam os de revogar leis ou decretos que dificultassem ou inviabilizassem seu trabalho; subordinar sob suas ordens as instituições ligadas ao abastecimento; recorrer a tropas em caso de resistência; reorganizar órgãos deficientes; demitir, entregar aos tribunais ou mandar prender funcionários relapsos. Eram poderes ditatoriais.[23]

Para torná-los realidade, seriam formados destacamentos armados, de operários, soldados e guardas Vermelhos — os *destacamentos de ferro*. Segundo as autoridades, ao lado de províncias famintas, outras regurgitavam. Os *kulaks* e a burguesia rural, os especuladores e os homens dos sacos evidenciavam uma insensibilidade odiosa à fome de operários e camponeses. À "violência dos especuladores e da burguesia", os revolucionários responderiam com a "violência contra a burguesia". Determinou-se que, em não menos de uma semana, todos deveriam entregar seus excedentes, guardando apenas o que fosse essencial para suas provisões e as sementes para o próximo ano. Fez-se um chamado à colaboração dos camponeses pobres, inclusive com recompensas materiais a quem denunciasse os "especuladores". Os que resistissem seriam declarados "inimigos do povo". Era necessário entregá-los aos tribunais, que aplicariam penas severas: cadeia por não menos do que dez anos, confisco dos bens, expulsão das assembleias de aldeia, obrigação de fazer trabalhos públicos.

Teve início uma espécie de "guerra do pão" entre o governo e os camponeses.

E, quase um mês depois, em 11 de junho, um novo decreto complementaria o anterior. O CEC determinou a formação de Comitês de Camponeses Pobres, nos quais poderiam participar todos os camponeses, menos os *kulaks* e os ricos, ou seja, os que tivessem empreendimentos industriais ou comerciais, alugassem força de trabalho ou que guardassem excedentes. Os novos comitês, entre outras funções, teriam de colaborar na identificação e apropriação dos excedentes retidos pelos *kulaks* e pelos camponeses ricos, além de distribuir produtos de primeira necessidade e implementos agrícolas (com 50% de abatimento).[24]

Tornou-se visível que os bolcheviques estavam decididos a recuperar seu programa agrário — silenciado desde maio de 1917. Os SRs de esquerda denunciaram o rompimento do pacto de outubro e conclamaram à insurreição armada contra o governo.

Nos meses seguintes, instaurou-se uma situação de beira do abismo. Um esperado saldo de 320 milhões a 360 milhões de *puds* convertera-se num déficit de 190 milhões, na medida em que a Ucrânia e as estepes do Kuban haviam saído do controle do governo. Outras regiões excedentárias, como o Caúcaso e a Sibéria Ocidental, não conseguiam abastecer os centros consumidores em virtude das incertezas das guerras civis e da desorganização do transporte ferroviário. Na Sibéria Ocidental, por exemplo, havia 43 milhões de *puds* prontos para o transporte, mas os trens só tinham capacidade de carregar 4 milhões deles por mês.[25]

Em várias províncias eclodiram conflitos de grandes proporções. As batalhas entre os destacamentos de ferro e os camponeses se sucediam, envolvendo, às vezes, centenas e milhares de pessoas. Para evitar que os trens de alimentos fossem assaltados, era preciso guardá-los com duzentos a trezentos homens armados.

Em julho de 1918, no V Congresso dos Sovietes, a situação da crise do abastecimento foi um dos pontos mais importantes nos debates.

Alexander Tsiurupa, comissário responsável pelo *Narkomprod*, traçou um quadro preocupante: estradas de ferro desorganizadas, generalização de saques e pilhagens, pressões para aumentar preços e/ou quebrar os monopólios estatais. Em sua avaliação, havia excedentes disponíveis, contudo era necessário encontrá-los, desapropriá-los e remetê-los aos centros consumidores. Ao mesmo tempo que reconhecia a existência de "excessos" cometidos pelos destacamentos de ferro — arbitrariedades e alcoolismo —, ele reafirmava a validade essencial das políticas em curso: preços fixos, para não estimular a especulação, monopólios estatais, políticas centralizadas, requisições armadas. Só uma luta impiedosa contra os especuladores seria capaz de equilibrar a situação até os resultados da próxima colheita.

A opção por uma aliança de novo tipo, com os camponeses pobres, consolidava-se. A nova Constituição, de 10 de julho de 1918, aprovada pelo V Congresso, no seu capítulo V, não mediu as palavras: o país passara a ser regido por uma ditadura, exercida pelo proletariado e pelos camponeses pobres.

Um texto de Lênin ia no mesmo sentido: ou se punha a pequena burguesia sob controle, argumentava ele, e isso exigia a organização dos camponeses pobres, ou o governo dos operários seria derrubado. Para evitar novos "Napoleões" ou "Cavaignacs", "figuras que se desenvolveram em solo permeado de mentalidade pequeno-burguesa", era necessário agir com a máxima firmeza. Vale lembrar que tanto o primeiro como o segundo foram chefes militares que, em momentos distintos, esmagaram rebeliões populares em favor da consolidação da ordem burguesa na França.[26]

A aliança com os SRs de esquerda parecia coisa do passado. Os atentados e as tentativas de golpe perpetrados em julho por SRs de direita e de esquerda, um deles atingindo seriamente o próprio Lênin, só tornariam mais agudo o conflito armado entre socialistas.

Em 4 de agosto de 1918, foi dada ordem a todas as organizações soviéticas para que formassem destacamentos para efetuar requisições armadas. Os grãos encontrados deveriam ser distribuídos entre os camponeses pobres e o *Narkomprod*, recompensando-se os destacamentos com produtos, pagamento em espécie ou bônus especiais. Todos os excedentes às necessidades de alimentação das pessoas e do gado e à provisão de sementes deveriam ser apropriados e enviados às instituições competentes. Se houvesse boa vontade, as requisições seriam pagas segundo os preços fixados pelo governo. No entanto, aqueles que fossem surpreendidos com estoques de grãos para venda clandestina ou para a produção artesanal de vodca seriam sumariamente entregues à *Tcheka*.

Cada destacamento deveria dispor de não menos do que 75 homens com duas ou três metralhadoras. Haveria um comandante militar e um comissário político. O primeiro determinaria as operações militares, e o segundo trataria de manter a disciplina e formar comitês de camponeses pobres. De acordo com as circunstâncias, dois ou três destacamentos poderiam unir-se. As eventuais transgressões disciplinares seriam punidas com prisão e entrega dos faltosos aos tribunais revolucionários. Uma vez formados, os comitês de camponeses pobres deveriam recuperar as armas existentes no local e formar o próprio destacamento armado.[27]

A partir dali, e até 1921, as múltiplas guerras civis acentuariam, num grau inaudito, os conflitos entre as cidades e os campos.

Em 14 de fevereiro de 1919, editou-se uma lei que dispunha sobre a organização de um sistema socialista de agricultura, baseado na ideia de criar uma economia unificada, capaz de suprir a República Soviética com o máximo de bens com o mínimo de trabalho.

Ao contrário da lei de fevereiro de 1918, cuja ênfase, apesar das ambiguidades, residia no "trabalho pessoal", tratava-se agora das explorações coletivas, de como deveriam ser distribuídas e regulamentadas as fazendas comunais e soviéticas. Segundo o texto, "era imperativo", na perspectiva de "liquidar a exploração do homem pelo homem", passar das formas individuais para as formas cooperativas. Assim, "qualquer terra", fosse qual fosse o seu uso, tornava-se uma "unidade fundiária do Estado". Era necessário "unir o proletariado e os camponeses pobres na luta contra o capital". Organizar a agricultura sob princípios socialistas, de acordo com a ciência mais desenvolvida. E educar "as massas no espírito do socialismo". Para alcançar tais objetivos, urgia organizar fazendas soviéticas, comunais, coletivas e outras formas de agricultura cooperativa. Em consequência, todas as formas de agricultura individual deveriam ser consideradas transitórias. O tempo delas passara.[28]

Pouco mais de um mês depois dessa lei, os debates do VIII Congresso do Partido Comunista, realizado em 23 de março de 1919, exprimiriam os novos rumos e orientações. Reiterou-se a aliança com os camponeses pobres, mas, ao mesmo tempo, manifestou-se ostensivamente condescendência, quando não desconfiança, em relação aos camponeses, em geral considerados "massas atrasadas", "negras", marcadas pela pobreza, estagnação, baixo nível de conhecimento e ignorância. Seria preciso um trabalho de propaganda comunista, educação agrícola e educação geral para "elevá--los" ao nível dos princípios socialistas.[29]

Os bolcheviques viviam então com intensidade a utopia do "comunismo de guerra". Da necessidade faziam virtude. Enxergavam numa economia de troca, fundamentada na escassez, as premissas do futuro em que todos poderiam viver "segundo as possibilidades e as necessidades". Imaginando-se às portas da sociedade do porvir, acionavam os conceitos e preconceitos do marxismo europeu em relação aos camponeses.

De outros pontos de vista, completamente opostos, os Brancos faziam ainda mais duras as condições dos mujiques.

O programa formulado pelo general Kornilov, em março de 1918, depois de apostrofar os bolcheviques como representantes de uma ditadura despótica do "populacho", que ameaçava "arruinar as conquistas culturais e históricas do país", propunha-se "destruir a autocracia bolchevique" e instaurar um governo que conduzisse a Rússia no "sublime caminho da liberdade". Em relação à terra, tratava-se de "restabelecer e garantir a propriedade privada". Nenhuma invasão ou tomada "anárquica" de terras seria tolerada. Quanto ao Exército, era preciso "restaurar uma disciplina estrita", extinguindo-se os comitês, os comissários e a eleição dos oficiais e restabelecendo a pena de morte. O general Kornilov não viveu para ver a viabilidade de seu programa, pois, atingido por um obus, morreu em 15 de abril de 1918. Mas fixou parâmetros e deles não se afastariam seus correligionários.[30]

Um ano mais tarde, uma conferência consultiva, organizada pelo general Denikin, substituto de Kornilov no comando das tropas Brancas no sul da Rússia, enfatizava a preeminência dos interesses do Estado sobre os de ordem individual. Em relação à questão da terra, reiterava o que fora proposto pelo antecessor: a restauração da propriedade privada e a garantia de que terras produtivas não seriam desapropriadas. Os proprietários eram convidados a transferir terras para os camponeses, porém receberiam compensações e indenizações, em processos a serem regulamentados pela Assembleia Constituinte.[31]

Quase na mesma época, o almirante Koltchak, chefe das tropas Brancas na Sibéria, formulava propostas de teor equivalente. Nenhuma conciliação com os bolcheviques, vistos como "assassinos da humanidade". No entanto, para as camadas populares, reservava apenas propostas vagas, prevendo a necessidade de "completa união" entre governo e povo. Quanto aos principais problemas da sociedade — a terra e o trabalho —, a Assembleia Constituinte haveria de encontrar para eles "soluções democráticas".[32]

O biênio de 1919-1920 foi longo para os camponeses. Um tempo de arbitrariedades, exações e devastações. Entre as requisições armadas dos Vermelhos e a restauração da velha ordem dos Brancos, os mujiques tenderam a apoiar os primeiros, ou se resignar a eles, mas com reservas, restrições e oposições.

Em determinados momentos e regiões, construíram-se alternativas Negras e Verdes. Na Ucrânia, o Exército Guerrilheiro Negro, da cor do anarquismo, liderado por Nestor Makhno na região de Goulai--Pole, desempenhou um papel importante na derrota dos Exércitos Brancos do general Denikin. Suas relações com os Vermelhos sempre foram problemáticas, marcadas por acusações e contra-acusações de "traição". Depois da derrota definitiva dos Brancos, os bolcheviques exigiram o desarmamento e a subordinação das tropas Negras e as liquidaram quando perceberam que não lhes prestariam obediência, restando o exílio para os que conseguiram escapar.[33]

As chamadas guerrilhas Verdes, menos conhecidas, congregaram efetivos formados por grupos camponeses, em várias partes da Rússia, que se defendiam simultaneamente dos Brancos e Vermelhos. Eram chamados de "verdes" porque se escondiam nas florestas, de onde desferiam ações guerrilheiras de autodefesa.

Em 1920, praticamente vencidos os Exércitos Brancos, houve uma notável vaga de revoltas camponesas, sobretudo na província de Tambov, contra as requisições armadas que ainda se desdobravam no quadro do comunismo de guerra. As críticas camponesas seriam ilustradas de modo exemplar pelo discurso de um mujique. Dirigindo-se aos bolcheviques, ele diria: "A terra é nossa, mas o pão é de vocês; a água é nossa, mas os peixes são de vocês; a floresta é nossa, mas a madeira é de vocês. O seu sistema de troca resume-se ao seguinte: chumbo e baioneta contra trigo".[34]

Mesmo entre os bolcheviques, apareceram vozes dissonantes, cujas críticas se dirigiam às incongruências e inconsistências da utopia vermelha que espremia impiedosamente não apenas os camponeses, mas também os operários e a população em geral. No final daquele ano, em resposta a pressões que se avolumavam em vários níveis, algumas medidas começaram a ser tomadas com o propósito de aliviar e atenuar as pressões sobre os camponeses. Já antes disso, tinham sido revogadas as políticas de divisão do campesinato, em especial a relativa à formação dos comitês de camponeses pobres.

Finalmente, no X Congresso do Partido Comunista Bolchevique, realizado em março de 1921, em paralelo à Revolução de Kronstadt,[35] seriam aprovadas outras medidas básicas, como a liberdade do comércio e a decretação do imposto in natura, pondo fim às requisições armadas e ao comunismo de guerra. Dava-se início assim ao período que passaria à história como a Nova Política Econômica, a NEP. O próprio Lênin, em discurso, argumentaria que a incorporação dos camponeses ao socialismo seria uma obra "para gerações". No entanto, ao mesmo tempo, em outros textos, ele se referiria à NEP como um "recuo tático". Essas ambiguidades marcariam os debates ocorridos no final dos anos 1920, quando partidários da continuação ou da revogação da NEP esgrimiriam palavras de Lênin a seu favor.

O fato é que, pelo menos no curto prazo, recompunha-se o pacto firmado e se refazia a aliança que levara a revolução russa de outubro de 1917 à vitória. Embora sem liberdade política e participação no poder, com seus partidos políticos destroçados e postos na ilegalidade, suas lideranças mortas, presas ou no exílio, os camponeses haviam resistido, lutado e feito valer seus interesses.

Até quando, só o tempo diria.

2. As mulheres e as revoluções russas

Ao lado dos camponeses, as mulheres são atores igualmente silenciados no curso das revoluções. Franco Venturi elaborou um clássico, *Les Intellectuels, le peuple et la révolution*, sobre a história do populismo russo, mas não ofereceu nenhum capítulo às representantes do sexo feminino. Isaiah Berlin, em seu *Pensadores russos*, também formulou um conjunto de ensaios sobre os pensadores russos, mas não se lembrou das mulheres.[1] Apesar de a bibliografia a respeito do assunto ter crescido — e se diversificado — desde os anos 1960, o fato é que as vozes e a participação femininas nas revoluções, sobretudo no âmbito das histórias gerais, continuam quase inaudíveis. E é sintomático que a grande maioria das obras sobre as mulheres tenha sido escrita por mulheres.[2] Entretanto, elas constituíam, como registra a sabedoria chinesa, "a segunda metade do céu". No caso russo, inclusive, em certos momentos, serão mais do que a metade da população. Ignorá-las é uma evidência de como a escrita da história permanece enviesada em favor dos homens.[3]

Para tratar do tema, é importante recordar que a Rússia, às vésperas das revoluções, ainda era uma civilização basicamente rural: cerca de 85% da população, segundo dados do recenseamento de 1897, vivia no campo, e muitos burgos russos, considerados "cidades", ainda eram fundamentalmente marcados por uma dinâmica rural — econômica, social e cultural.[4]

Mulheres e homens, sobretudo fora das cidades, existiam como membros de uma comunidade, o *mir*, e, no interior desta, nas famílias. As mulheres apareciam com tripla desvantagem: eram excluídas das assembleias, as *obchtchinas*, durante as quais se discutiam e decidiam questões relativas às aldeias, restritas aos homens casados; no interior das famílias — patriarcais —, deviam submissão aos maridos, consagrada em lei; finalmente, eram muito mais iletradas que os homens. Segundo o recenseamento de 1897, havia no campo apenas 9,8% de mulheres alfabetizadas contra 17,4% de homens. Nas cidades, eram 54% os homens que sabiam ler e escrever, contra 35,6% entre as mulheres.

A autocracia, a família patriarcal e a Igreja ortodoxa constituíam barreiras institucionais praticamente intransponíveis à emancipação feminina. A violência intrafamiliar, exercida pelo homem, exacerbada pelo álcool, era constante e impiedosa: os costumes, inclusive, autorizavam os maridos a chicotear suas mulheres. Dois ditados populares, entre muitos outros, exprimiam essa situação: "Quanto mais a mulher apanha, melhor a sopa" e "As pancadas de um bom marido não doem muito tempo". Adicione-se a isso o "direito de pernada", que vigorava nos campos, em que se facultava ao sogro dormir a primeira noite de núpcias com a nora.[5]

A essa servidão se associava a indissolubilidade, de fato, do casamento, pois, embora a Igreja ortodoxa reconhecesse, teoricamente, o divórcio, era muito difícil obtê-lo. Para as mulheres camponesas, era algo praticamente impossível. Além disso, havia a elevada média de filhos por mulher: as famílias, no final do século XIX, tinham, em média, de oito a dez filhos, ⅓ dos quais morria antes de completar um ano. Nessas condições, sobravam para elas margens mínimas de liberdade.[6] As únicas válvulas de escape eram a autonomia na gestão do fazer doméstico, diminuída, porém, pelo caráter esmagador das tarefas caseiras, em função da inexistência de equipamentos coletivos, e um dispositivo legal paradoxal naquele contexto: o direito de administrar os próprios dotes e eventuais ganhos com seu trabalho particular, sem pedir autorização aos maridos.

Essa situação penosa e opressiva exigiria um grau superior de adaptação. Para sobreviver, as mulheres haveriam de se construir fortes e corajosas. E assim seriam cantadas e sublimadas nas canções e lendas, sempre dedicadas a seus homens e dispostas ao autossacrifício.

A expansão do capitalismo na Rússia depois das grandes reformas dos anos 1860, em especial a partir dos anos 1880-1890, abalaria esse mundo. Nos campos, a lenta erosão do *mir* e o empobrecimento e a proletarização de muitas famílias camponesas subverteriam os padrões tradicionais. Nas cidades, o crescimento do trabalho feminino, principalmente nas indústrias têxteis, atuaria no mesmo sentido. No início do século XX, computavam-se cerca de 6 milhões de proletárias, obrigadas a suportar o pior dos mundos: salário mais baixo para trabalho igual, condições de vida precárias, dupla jornada de trabalho — na fábrica e em casa. Nesse quadro, degradavam-se as condições de reprodução das famílias tradicionais. Ao mesmo tempo, abriam-se horizontes novos ao se desfazerem as bases da dominação patriarcal.

No âmbito das lutas sociais, a participação das mulheres tomaria vulto. Embora tendencialmente mais conservadoras — e mais religiosas — do que os homens, foram sempre ativas nas revoltas camponesas. Nas greves e manifestações operárias, também marcariam presença, inclusive porque, com frequência, eram seus ombros que suportavam os trabalhos domésticos, sem contar, em momentos de crise, as intermináveis filas para adquirir alimentos.

Para reverter e superar essa situação, três tendências ganharam expressão política e social no período anterior às revoluções russas do século XX.

A primeira, amplamente hegemônica, seria constituída pelas mulheres que assumiram lugar preeminente no movimento populista russo. Nascidas geralmente em famílias ricas ou mesmo aristocráticas, instruídas, não raro com curso superior, formadas no exterior, uma vez que na Rússia as mulheres só teriam acesso às universidades a partir de 1878, assumiriam um lugar de destaque no questionamento da ordem autocrática.

Simbolizaram uma ruptura com o padrão de mulher que se limitava a apoiar e a acompanhar "seus" homens nas aventuras revolucionárias ou no exílio, resignadas, sofridas, heroicas. Agora, seriam elas as protagonistas, nas organizações revolucionárias, nas "idas ao povo", deslocando-se ao campo ou às fábricas, nas ações concretas, quando executariam diretamente responsáveis pelo regime autocrático.

Ao coordenar a ação que eliminou o tsar Alexandre II, em março de 1881, Sofia Perovskaia tornou-se um emblema desse tipo de mulher, mas não foi um caso isolado. Ao seu lado, entre muitas e muitas outras, figuram Ekaterina Brechko-Brechkovskaia, Vera Figner, Olga Liubatovitch, Elizaveta Kovalskaia, Vera Zassúlitch, Maria Spiridonova, Zina Konoplianikova, agitando consciências, organizando, participando de ações, matando personagens do regime, figuras odiosas, feridas ou mortas por mãos decididas, femininas.

Essas mulheres não queriam somente subverter a ordem política autocrática, mas também a sua matriz primária, a família patriarcal. Assim, não poucas proporiam relacionamentos afetivos inovadores, livres, abertos, não tolhidos pelo vezo autoritário da monogamia masculina. Foram precursoras de questões e de padrões que voltariam a se atualizar décadas depois, em meados do século xx.

Uma segunda tendência seria formada por mulheres de convicções liberais. Os principais problemas cogitados por suas lutas eram relativos à instrução e ao voto. A questão do acesso das mulheres à educação, inclusive à universidade, vinha sendo suscitada com força na sociedade russa desde os anos 1850. Revistas e jornais discutiram o tema no contexto das grandes reformas dos anos 1860-1870. No final dos anos 1860, uma primeira petição — negada — reivindicando o acesso das mulheres aos cursos superiores agitaria as consciências. Sem alternativas, muitas iriam estudar no exterior e lá fixariam residência. Em 1878, afinal foram autorizados os primeiros cursos universitários para mulheres, de história/filologia e de matemáticas/ciências naturais. Três anos mais tarde, havia já 610 estudantes inscritas, a maioria de origem nobre, metade procedente de origens diversas.

Em outra dimensão, essas mulheres formariam as primeiras organizações feministas nos anos 1890: a Sociedade Feminina de Beneficência Mútua e a Sociedade Russa para a Proteção das Mulheres adquiriram certa relevância. Preocupavam-se com a maternidade, o cuidado das crianças abandonadas, a prostituição. Nas brechas, mais para o fim do século, encaminharam as primeiras petições favoráveis ao direito de voto. Era comum entre as mulheres liberais uma crítica radical ao elemento masculino. As organizações femininas, transversalmente, deveriam agrupar mulheres, apenas mulheres, mesmo que de diferentes classes.

Nessa corrente, destacaram-se Sofia Kovalevskaia, Maria Bokova, Nadejda Suslova, a primeira russa a obter diploma superior, em 1868; Maria Trubnikova, Liubov Gurievitch, Anna Miliukova,

Ariadna Tyrkova-Williams, Nadejda Stassova, Anna Filossofova, Evgueni Konradi e Lidia Rodstvennaia. Por mais moderadas politicamente, não deixaram de enfrentar a mão pesada das ameaças e da repressão do regime.

As mulheres social-democratas constituiriam uma terceira vertente. Inspiradas pelos escritos de Friedrich Engels (*A origem da família, da propriedade privada e do Estado*) e de August Bebel (*A mulher e o socialismo*), publicados nos anos 1880, elas concentrariam seu trabalho político junto às operárias das grandes cidades russas. Como as populistas, abominavam a autocracia, mas não acreditavam na eficácia das "ações heroicas". Para elas, "tsar morto, tsar posto". Os algozes eliminados seriam rapidamente substituídos por outros, talvez piores. Era necessário despertar a consciência das maiorias, pensando não apenas na Rússia, mas em um movimento supranacional, articulado no contexto da II Internacional Socialista. Críticas do capitalismo, viam, porém, o novo sistema — internacional por excelência — como um poderoso fator de desagregação econômica e social. A família patriarcal seria demolida por seus golpes. Nas suas ruínas, surgiriam novos horizontes. As mulheres operárias, livres da "pia e do fogão", poderiam enxergar melhor e mais longe; portanto, seria necessário trabalhar com elas para gestar novas alternativas, socialistas. No entanto, as lutas das operárias deveriam se articular com as dos homens. Os pontos comuns entre umas e outros — a posição contrária ao capitalismo — seriam mais fundamentais do que a "tirania" dos homens sobre as mulheres. As sociais-democratas, apoiadas numa chave social, de classe, criticavam o discurso feminista de certas mulheres liberais que antagonizavam mulheres e homens. Consideravam que isso podia enfraquecer a unidade do movimento operário.

A luta entre liberais e socialistas marcaria as organizações e congressos femininos russos. Do ponto de vista das aventuras de transformação da vida pessoal, as sociais-democratas seriam mais reservadas, salvo exceções, como foi o caso de Alexandra Kollontai. Entre elas, o comedimento e a reserva eram mais comuns do que as experimentações inovadoras.

As socialistas se devotariam sobretudo à agitação política, a cursos e escolas alternativas, à edição de jornais e revistas, ao contrabando de literatura crítica e revolucionária para a Rússia, enfrentando, como os homens, a prisão e o exílio. Entre as profissionais da revolução, emergem, além de Kollontai, Nadejda Krupskaia, Inessa Armad, Konkordia Samoilova, Praskovia Kudelli, Liudmila Stal, Larissa Reissner e Aleksandra Artyukhina.

Marcadas por concepções e práticas diferentes, essas vertentes lutariam entre si com ardor. Entretanto, em larga medida, compartilhavam ideias, sentimentos, perspectivas de vida e valores éticos: o ódio à autocracia, a sede de justiça e de liberdade, o desprezo pela hipocrisia dominante, o desejo de estabelecer relações afetivas livres e autênticas, a disposição para o autossacrifício em proveito de causas que ultrapassassem os horizontes individuais, considerados mesquinhos, o fervor em perseguir uma correspondência entre vida privada e vida pública.

Tais valores seriam consagrados numa literatura fascinante e estimulante, que representava a vida para, depois, ser imitada por ela. O romance paradigmático nesse sentido é *O que fazer?*, de Nikolai Tchernichevski,[7] elaborado, sintomaticamente, na prisão, em 1863, e que se tornaria uma inspiração decisiva para a juventude revolucionária russa. O emblemático triângulo amoroso, em torno do protagonismo de Vera Pavlovna, acompanhada por Dmitri Lopukhov e Alexandr Kirsanov, em vez de cenas explosivas de ciúmes ou ameaças de homicídio e suicídio, evoluía num contexto afetivo de amizade, abnegação e renúncia. No fundo do quadro, outro personagem, Rakhmetov, apareceria como emblemático em sua disposição assustadora ao autossacrifício, representando o chamado "homem novo", com suas certezas de superação, promessas de abismos e desejos de glória.

A Revolução de 1905 representaria um ponto importante de inflexão nos movimentos de mulheres russas. Desde fevereiro de 1904, quando se iniciou a guerra com o Japão, a sociedade se movimentava, questionando a guerra e reivindicando reformas. Entre estas, as mulheres reclamariam que o voto universal, para merecer esse título, deveria estender-se efetivamente a elas, pois, se desde os anos 1840, a exigência do voto universal disseminara-se em vários países do mundo, para a maioria dos homens, tratava-se do voto universal no âmbito masculino, mantendo-se a exclusão das mulheres. Para as mulheres russas, a reivindicação do sufrágio deveria propor sete elementos: ser universal, direto, igual, secreto e não discriminar gênero, nacionalidade e religião.[8]

As mulheres de origem popular assumiram papel de destaque na manifestação de 9 de janeiro de 1905. Levando suas crianças e ícones à frente da passeata, enfrentariam as balas dos soldados. No chamado domingo sangrento, o massacre das manifestantes e dos manifestantes detonaria ondas de protesto em todo o império. Nas greves operárias que se sucederam e também nos conflitos agrários, o protagonismo das mulheres, sobretudo nas "revoltas das *bábas*", converteu-se numa das características marcantes daquela revolução.* Em julho, num congresso de deputados camponeses, em que 28 províncias estavam representadas, formou-se a União Camponesa e se aprovaram, por maioria, o voto feminino e o direito de as mulheres serem eleitas. Deputadas camponesas presentes reivindicariam direitos civis e políticos para as mulheres

* As mulheres camponesas eram chamadas de баба (*bába*). O termo pode adquirir também a conotação de "mulher brigona".

"marginalizadas e privadas de direitos mesmo em nossas famílias". E lembravam, segundo o manifesto das camponesas do povoado de Nogatkino: "Uma escrava não pode ser mãe de um cidadão livre".[9]

Não apenas a ordem política era questionada, mas também o autoritarismo dos homens: "Somos oprimidas por nossos companheiros, que se aproveitam do nosso desamparo e da nossa falta de direitos... recebemos menos do que eles".[10]

Nos meios liberais, a ideia do sufrágio universal extensivo às mulheres ganhava apoio, ao ser aprovada, entre outras, pela União dos Escritores, pela União dos Médicos e pela União da Escola Primária. Só duas uniões recusaram o voto feminino, a dos Constitucionalistas dos Zemstvos e a Acadêmica.[11] A União das Uniões também fez sua a reivindicação do voto universal extensivo às mulheres e, pouco depois, foi acompanhada pela Assembleia das Dumas (parlamentos municipais).

No final de abril de 1905, constituiu-se a União pela Igualdade dos Direitos das Mulheres, que em seguida se integrou à União das Uniões, que congregava todas as entidades representativas das elites sociais e das camadas médias da população, então em plena ebulição.

As mulheres liberais também impulsionariam a criação do Partido Progressista das Mulheres, no qual não era permitido o ingresso de homens. Em seu programa constavam a igualdade entre mulheres e homens, o direito ao divórcio, o direito à terra para as camponesas e um amplo programa social (igualdade de salários para trabalho igual; dez meses de licença, com salários pagos, para as parturientes; rede de creches e estabelecimentos pré-escolares). Nessas organizações, eram comuns as divergências entre representantes das tendências distintas do movimento das mulheres. As liberais concentravam-se na obtenção dos direitos à instrução e ao voto. As sociais-democratas, sem negá-los, preferiam destacar a ideia de que só no contexto de uma nova ordem social e econômica as mulheres poderiam alcançar sua emancipação. E na luta por essa nova ordem, mulheres e homens, sobretudo das camadas populares, deveriam estar juntos, articulados em torno de programas comuns.

Em maio, uma greve geral na cidade de Ivanovo-Voznessenski, centro têxtil ao norte de Moscou, assinalou a criação do primeiro soviete/conselho da história russa no contexto de uma greve que durou 72 dias. Elegeram-se, então, 151 deputados, entre eles 23 operárias, ou seja, pouco mais do que 15% do total, bastante expressivo para a época, embora ainda longe de retratar o peso proporcional da presença de mulheres nas fábricas (aproximadamente ⅓).[12] Cabe destacar que Klavdia Kirikina e Matriona Sarmentova, deputadas eleitas para o soviete, mais tarde, depois da greve vencida, seriam presas e deportadas. Como se sabe, em 1905 os sovietes tiveram um primeiro grande surto, isto é, apareceram em várias cidades, inclusive em Moscou e em São Petersburgo. Entretanto, nas maiores cidades, pouquíssimas deputadas foram eleitas. Em novembro daquele ano, o Soviete de São Petersburgo registrava 562 deputados, dos quais apenas sete eram mulheres, ou seja, 1,25% do total.[13]

A Revolução de 1905 foi derrotada por uma combinação de concessões e de repressão. Entretanto, o manifesto tsarista de outubro, que anunciava a próxima convocação de um parlamento, a duma imperial, não previu o voto das mulheres.

Em 1906, abriram-se faculdades de direito para as mulheres, mas a proibição para as formadas se habilitarem como advogadas anulava largamente o potencial contido naquela medida.

No ano seguinte, uma petição seria encaminhada à duma eleita, com dezenas de milhares de assinaturas, para que se reconhecesse o direito de voto às mulheres. No mesmo ano, começou a circular o jornal *União das Mulheres*, e Alexandra Kollontai fundou em São Petersburgo a Sociedade de Assistência Mútua das Operárias. No âmbito da Internacional Socialista, realizou-se a I Conferência das Mulheres, durante a qual se aprovou um programa de reivindicações sociais e políticas, incluindo o voto e a criação, em cada partido, de uma seção especial para o trabalho político entre as mulheres.

Entre 10 e 16 de dezembro de 1908, teve lugar o I Congresso Panrusso das Mulheres, uma expressão de vitalidade política, com grande repercussão, principalmente nos meios letrados. Registraram-se 1053 participantes, que, em debates contraditórios e acalorados, passaram em revista a situação que as mulheres viviam e a possibilidade de se elaborar um programa capaz de articular suas lutas. É verdade que a maioria pertencia às elites sociais e às classes médias, mas se fez notar uma delegação autointitulada "grupo de proletárias", embora apenas oito operárias fabris o integrassem.[14] Finalmente, aprovou-se uma série de pontos, entre os quais a supressão da legislação que subordinava a mulher ao homem; o direito de votar e de ser votada; a formulação de uma legislação do trabalho; leis de proteção à maternidade e mudanças no campo das relações familiares, com ênfase na construção de equipamentos coletivos.[15]

Em 1909, criou-se a Liga Russa pela Igualdade do Direito das Mulheres, que reuniu mulheres liberais, social-democratas e socialistas revolucionárias. Em 1910, o movimento russo e em todo o mundo receberia um estímulo: por proposta da III Conferência das Mulheres Socialistas, a Internacional Socialista aprovou 8 de março como o Dia Internacional da Mulher. A escolha era motivada por uma referência dupla a lutas protagonizadas por mulheres nos Estados Unidos: a de operárias têxteis, em 8 de março de 1857; e a de trabalhadoras no comércio de agulhas, em 8 de março de 1908, justamente em homenagem à primeira. Em ambas, reprimidas com violência, faziam parte das reivindicações o direito de voto, as melhorias das condições de trabalho e a proteção do trabalho infantil.

Em 1911, duas pequenas, porém importantes, concessões: abertura de cursos técnicos superiores para as mulheres e a possibilidade de ocuparem cargos de responsabilidade nas instituições educacionais. Em resposta a essas conquistas, com o propósito de aperfeiçoá-las, realizou-se o I Congresso sobre a Educação das Mulheres, entre 26 de dezembro de 1912 e 4 de janeiro de 1913. No plano econômico, ainda em 1911, uma medida relevante: o direito de as mulheres se constituírem como herdeiras de seus pais, em igualdade de condições com os homens. É verdade que a exclusão das camponesas limitava em muito o alcance da nova lei.[16] Para as trabalhadoras urbanas, contudo, a lei de 23 de junho de 1912 garantia seguro contra doenças e acidentes, licença-maternidade de seis semanas (duas semanas antes e quatro depois do parto) e ainda o direito de votar e serem votadas para os Conselhos de Administração das Caixas Hospitalares, órgão gestor da nova legislação. Mais uma brecha no edifício de exclusão das mulheres.

Em 1913, as mulheres russas comemoraram, pela primeira vez, o seu dia internacional em várias cidades: São Petersburgo, Moscou, Kiev, Samara, Tiflis. Houve repressão policial em São Petersburgo, mas o dia não passou em branco.

Às vésperas da Primeira Guerra Mundial, o movimento das mulheres russas era já uma realidade palpável, dinâmica. Embora dividido em tendências, e registrando progressos modestos no plano legal, fora capaz de protagonizar lutas sociais e políticas importantes; formar associações, jornais e revistas; realizar congressos — em suma, impor à reflexão e ao debate suas questões e temas essenciais. Apesar das restrições e da repressão, e da manutenção de uma sociedade fundamentalmente patriarcal, era impressionante como se alcançaram certos avanços: as mulheres perfaziam 11% do corpo médico e 8% do de professores. À luz dos dias de hoje, modestas proporções, sem dúvida. No entanto, no contexto da época, as mulheres russas sustentavam comparações positivas com grande número de países, inclusive europeus.

A guerra, com seus horrores e misérias, ao levar para os quartéis e trincheiras milhões de homens, iria ampliar dramaticamente a convocação das mulheres para o trabalho, tanto nos campos como nas cidades. Substituindo os homens nas semeaduras e nas colheitas, nas fábricas, no comércio, nos bancos, nos serviços públicos, as mulheres teriam que arrostar novos sacrifícios e responsabilidades, assistiriam à decomposição acelerada dos núcleos familiares, suportariam pesadas duplas jornadas de trabalho, mas, ao mesmo tempo, ampliariam seus horizontes de percepção da sociedade, de suas contradições, e da necessidade de lutar por seus direitos.

A desorganização da economia, a inflação e a escassez do abastecimento iriam, desde 1915 e também em 1916, suscitar greves "selvagens" e revoltas sociais. As *bábas*, mais uma vez, estariam na linha de frente. Não gratuitamente, foi uma associação feminina, a Liga pela Igualdade dos Direitos das Mulheres, que organizou a nada espontânea manifestação de 23 de fevereiro de 1917, que na sequência levaria de roldão a autocracia tsarista.[17]

Antes do fim de março, mal constituído o primeiro Governo Provisório, uma delegação de mulheres se faria receber pelo príncipe Lvov para postular o direito de voto na prometida — e desejada — Assembleia Constituinte. Pouco depois, uma conquista importante: as mulheres ganharam o direito de votar e de serem votadas para as dumas de Petrogrado e de Moscou.

No mês de maio seguinte, seria estabelecido um Conselho Nacional das Mulheres. Ao mesmo tempo, associações de mulheres ou com participação ativa delas surgiam em toda parte.

As tendências históricas do movimento iriam consolidar-se em duas propostas, os chamados dois feminismos, conforme assinalou A. Kollontai.[18] De um lado, as liberais, SRs de direita e de centro e mencheviques, concentradas nas lutas democráticas, em particular no direito de voto. Por seu turno, as bolcheviques e SRs de esquerda enfatizariam as lutas sociais e a unidade entre homens e mulheres para a mudança do regime econômico e social. As primeiras depositavam esperanças na Assembleia Constituinte. As segundas, na perspectiva de transferir todo o poder aos sovietes.

Entre elas, porém, havia consenso em relação a três pontos: integração das mulheres no mercado do trabalho, legislação que reconhecesse a igualdade de direitos entre homens e mulheres e a construção, pelo Estado, de uma rede de equipamentos sociais (creches, cantinas populares) capaz de aliviar a pesada carga do trabalho doméstico, quase que exclusivamente suportado pelas mulheres.

Em julho de 1917, conquistou-se, por fim, o sufrágio efetivamente universal: o Governo Provisório reconheceu o direito de voto a todos os maiores de vinte anos, mulheres e homens. Até então, somente as mulheres finlandesas e neozelandesas tinham conquistado esse direito.[19] Pouco depois, decretou-se que o princípio do trabalho igual/salário igual passasse a reger as funcionárias e os funcionários da Administração do Estado. E estabeleceu-se uma Secretaria de Estado para as Mulheres, entregue a Sofia Panina, do Comitê Central do Partido Liberal dos Kadetes.

No entanto, nas bases da sociedade, embora ativas, militantes, as mulheres continuavam assumindo poucos papéis dirigentes ou tendo pouca relevância nas organizações populares. Na I Conferência dos Comitês de Fábrica de Petrogrado, entre 585 delegados, havia apenas 22 mulheres. Nos sovietes da região de Moscou, entre 4743 deputados, 259 mulheres. Na Guarda Vermelha, entre 4084 recenseados, somente 104 mulheres. No VI Congresso do Partido Bolchevique, realizado na semiclandestinidade, no final de julho de 1917, dos 21 eleitos para o Comitê Central, só uma mulher foi registrada, Alexandra Kollontai. Entre os oito suplentes, duas mulheres: Elena Stassova e Varvara Iákovlev. No Comitê Central dos mencheviques, Eva Boidor figurava solitária. Entre os SRS de direita e de esquerda, destacaram-se duas mulheres, Ekaterina Brechko-Brechkovskaia e Maria Spiridonova. Personalidades notáveis, sem dúvida, mas cuja ascensão a cargos de prestígio e de expressão não era índice de um ascenso coletivo.[20]

A grande maioria das mulheres ainda se subordinava aos valores e costumes patriarcais. Assumiam crescentemente lugar na produção agrícola e industrial, assim como nos serviços comerciais, financeiros e na administração pública. Participavam das lutas sociais e políticas, mas quase sempre em posições secundárias. Os partidos políticos, mesmo os socialistas, e as organizações populares, comitês e sovietes continuavam largamente hegemonizados pelos valores e pelos representantes do sexo masculino.

Foi nesse contexto que se verificou a Revolução de Outubro.

Vitoriosa a insurreição, o novo governo revolucionário, o CCP e o CEC do II Congresso dos Sovietes logo tomariam medidas decisivas, que alteraram profundamente a legislação existente: a definição da jornada de trabalho de oito horas e a decretação da igualdade jurídica absoluta entre os sexos estabeleceram um novo patamar para a luta das mulheres. As mudanças legais não teriam o condão de transformar radical e imediatamente uma situação consagrada por uma tradição multissecular, mas ofereceram outro quadro, a partir do qual seriam muito melhores — e vantajosas — as condições em que se travariam as lutas sociais e políticas empreendidas pelas mulheres por sua emancipação.

Em 29 de outubro de 1917, um decreto revolucionário previu a instrução obrigatória para todos e a abertura completa do ensino, em todos os níveis, independentemente de gênero e nacionalidade. Foi uma mudança importante e uma ampliação de horizontes inédita.

Cerca de uma semana depois da constituição do CCP, realizou-se em Petrogrado, entre 3 e 8 de novembro, o I Congresso das Operárias da Rússia. Em virtude das dificuldades do momento, havia a expectativa de que comparecessem cerca de quinhentas deputadas, mas se registrou a presença de 1147 delas. Aprovou-se, então, a criação das "Seções de Mulheres", em todos os organismos do Partido Bolchevique e em todos os níveis das organizações soviéticas.* Elas dariam, até o final dos anos 1920, grande impulso aos interesses e lutas femininos.

Em 18 de dezembro, implementou-se o casamento civil, prevendo a igualdade dos cônjuges e a abolição das distinções legais entre filhos legítimos e ilegítimos. No dia seguinte, um novo decreto autorizaria a dissolução do casamento. Para concretizá-la, bastaria uma simples demanda aos tribunais por qualquer um dos cônjuges. Além disso, só seriam válidos os casamentos registrados nos órgãos apropriados do Estado.

Ao longo de 1918, apesar das terríveis condições impostas pelas guerras civis, iniciadas em junho-julho, outros progressos seriam registrados. Em janeiro, criou-se o Comissariado do Povo para Assuntos Sociais, dirigido por Kollontai. Ele desempenharia papel-chave na construção de um sistema de creches e de estabelecimentos pré-escolares, além de cantinas populares, em fábricas e escolas, destinadas a aliviar a carga do trabalho doméstico. Também foi aprovada a ampliação da licença-maternidade para quatro meses, divididos em oito semanas antes e oito depois do parto.

Em 21 de maio, estabeleceram-se as escolas mistas. Em julho, a nova Constituição transformaria em direitos constitucionais a igualdade perante a lei e o direito das mulheres de elegerem e de serem eleitas em todos os níveis e para todos os cargos. Em 1º de setembro, uma nova lei, mais abrangente, consolidou o princípio de trabalho igual/salário igual. No dia 16 do mesmo mês, o CEC

---

* As chamadas *jenotdely* (женотделы).

aprovou um novo Código Civil, com a inclusão de capítulos referentes ao direito de família: consolidaram-se o casamento como união livremente consentida, a laicização dos procedimentos e a sua dissolução livre e sem entraves burocráticos.

Antes do final de 1918, entre 16 e 21 de novembro, realizou-se o I Congresso Nacional das Mulheres Trabalhadoras, com a presença de cerca de 1200 delegadas. Esse evento fixou um marco importante no processo da intervenção organizada das mulheres em lutas por seus interesses e aspirações. Ênfase particular foi conferida à construção de equipamentos coletivos: cozinhas e refeitórios comunitários, lavanderias públicas, oficinas de costura, cooperativas para lavar roupa e para limpar apartamentos.

Em 1919, o momento mais crítico das guerras civis, quando tudo parecia periclitar, e uma proporção significativa de homens estava ocupada com os enfrentamentos armados, as mulheres foram convocadas para realizar — e, em larga medida, o fizeram — tarefas de retaguarda, dando continuidade ao processo dinamizado desde o início da Primeira Guerra Mundial, o de seu ingresso maciço no mercado de trabalho. Como resultado, embora em precaríssimas condições, foi possível também conferir alguma atenção aos equipamentos coletivos. Em 1920, já praticamente vencidos os perigos mais iminentes, aprovou-se, em 18 de novembro, a proteção legal à interrupção voluntária da gravidez; desse modo, pertencia exclusivamente à mulher a decisão de empreendê-la.

Eram progressos notáveis e inegáveis. Alguns estudiosos inclusive sustentariam que se tratava, na época, da legislação mais abrangente e avançada de todo o mundo.[21] Em outra dimensão, o movimento socialista feminista construiu um discurso crítico em relação aos padrões tradicionais das relações afetivas, questionando a preponderância masculina, a servidão da monogamia possessiva, a sexualização e o amesquinhamento das mulheres, as deformações resultantes para todos os envolvidos, homens e mulheres.²² Experimentações inovadoras foram ensaiadas, com a formação de comunas, onde todo o trabalho era executado coletivamente e onde se praticavam diferentes formas de amor livre.

Entretanto, as tradições conservadoras e as circunstâncias das guerras civis cobrariam seus tributos — e eles foram pesados. Não se pode subestimar a importância de legislações no que diz respeito a transformar ou conservar valores e comportamentos. Mas, em muitos momentos, era como se os revolucionários — e as revolucionárias — tivessem imaginado que a vontade e as leis pudessem criar, em termos imediatos, um futuro de harmonia e desenvolvimento das relações pessoais e dos potenciais humanos nelas encerrados.

As guerras civis não poderiam ser consideradas o melhor cenário para que isso acontecesse. As cruedades exacerbadas — típicas desse tipo de guerra — instauraram um quadro inédito de brutalização das relações sociais. Geraram um cortejo indescritível de misérias, de fome, de escassez. Esvaziaram as cidades. Desagregaram as famílias, em um processo acelerado bruscamente pela facilidade com que se obtinha o divórcio. Levaram crianças a serem abandonadas. Para lidar com a ameaça dos inimigos, impôs-se a instauração da ditadura política, articulada por organizações radicalmente centralizadas, o que se estendeu tentacularmente no Partido, no Exército, no Estado.

Nesse ambiente desfavorável, a vigência de valores e comportamentos tradicionais ganhou dinâmica própria, objetiva — e, em grande medida, inexorável. Em todos os níveis, as resistências às mudanças se manifestaram e se encorparam: entre operários — e operárias —, entre camponeses — e camponesas —, e mesmo entre a maioria das lideranças políticas.

A sub-representação das mulheres nos órgãos de decisão política e na composição e direção das organizações populares evidenciava hiatos que não podiam ser transpostos apenas por leis e discursos. No IV Congresso dos Sindicatos, durante o qual se reuniram cerca de 2 mil delegados, Kollontai observava, entristecida, o pequeno número de mulheres presentes: "Aqui e ali, mal podem ser vislumbrados os rostos das mulheres".[23] Na direção do evento, apenas uma mulher... que não era sindicalista, mas membro do Partido Comunista. Mesmo nos congressos destinados exclusivamente às mulheres, a autoridade e a liderança do elemento masculino continuavam dominantes. Ao mesmo tempo, o ateísmo e as campanhas antirreligiosas, ostensivamente patrocinadas pelas autoridades revolucionárias, ofendiam valores consagrados. As pessoas retraíam-se. Como os pequenos arbustos, açoitados pelos vendavais, retorciam-se, mas não quebravam; permaneciam, invulneráveis.

Até as legislações emancipadoras das mulheres, pelo menos em tese, como a do divórcio e a da interrupção voluntária da gravidez (IVG), produziam resultados contraditórios. Os homens começaram a se aproveitar da facilidade do divórcio para casar várias vezes, não assumindo responsabilidades em relação aos filhos, pois estavam isentos disso, uma vez que o casamento já não era considerado um pacto econômico. Por outro lado, as IVGs se multiplicavam num ritmo alucinante, em razão da escassez de preservativos ou da resistência cultural a utilizá-los, o que causava prejuízos à saúde e ao equilíbrio psicológico das mulheres.

As práticas sociais punham em questão as legislações e a sonhada utopia revolucionária. Evidenciavam-se problemas e contradições em sua realização.

As mulheres revolucionárias soviéticas cedo perceberiam que, não obstante os consideráveis avanços registrados, as mudanças pretendidas, para se efetivarem radicalmente, demandariam obra de gerações.

Sobre os anos vermelhos (1917-1921): características e legados

Qualquer exercício de síntese sobre os anos vermelhos, assim como reflexões sobre seus legados, está sujeito evidentemente às controvérsias que marcaram, e ainda marcam, estudos e pesquisas a respeito desses assuntos polêmicos.

Convém preliminarmente não perder de vista que as revoluções ocorreram numa sociedade condicionada por um império multissecular, opressor, violento, e pela violência exercida contra sua própria gente — os russos, e, em especial, as nações não russas, submetidas à dupla dominação de suas elites e de Moscou. A liberdade de opinião era rarefeita e não existiam instituições democráticas; tampouco tinham vigência instituições de qualquer natureza que pudessem oferecer um contraste ou uma oposição à autocracia, absoluta.

Tratava-se, além disso, de uma sociedade agrária marcada por um nível de produtividade geral muito baixo, se comparado com o das demais nações europeias, e pela existência de amplas maiorias iletradas ou subletradas. Os processos de modernização que ali tiveram lugar, sempre impulsionados pelo alto, encontraram, no entanto, grande resistência, ora das elites, ora dos aparatos de dominação, e, em determinadas circunstâncias, como as que precederam o período revolucionário, da própria autocracia.

Tais contradições criaram uma combinação potencial explosiva, percebida com agudeza por homens do regime e por aqueles que desejavam promover mudanças profundas. Uma primeira guerra, contra o Japão (1904-1905), evidenciaria as fragilidades do sistema, resultando numa primeira revolução, a de 1905.

A Primeira Guerra Mundial, um conflito mais abrangente, total, iniciado em agosto de 1914, desagregou de vez o velho sistema de três séculos, derrubado por uma segunda revolução, anônima e unânime, a de fevereiro de 1917.

Ao cair a autocracia, numa sociedade sem instituições intermediárias, irrompeu um processo de múltiplos poderes, fazendo da Rússia a sociedade "mais livre do mundo". As demandas sociais, historicamente represadas e radicalizadas pelos anos de guerra, despontaram com vigor inesperado, assustando as elites sociais e surpreendendo até mesmo revolucionários experientes.

Movimentos sociais poderosos convergiram objetivamente em luta por seus interesses: camponeses, soldados, operários e nações não russas foram os quatro grandes vetores de um processo explosivo. Reclamavam terra, paz, pão e independência nacional.

Uma terceira revolução, em outubro, perpetrada por meio de um golpe bolchevique, assumiu essas reivindicações e a elas conferiu consagração jurídica no quadro de uma grande aliança, em que as diferentes reivindicações dos principais movimentos sociais foram incondicionalmente incorporadas.

Entretanto, havia resistências a superar — a das classes tradicionalmente dominantes, agora despossuídas, e a das potências estrangeiras, contrárias ao fim da guerra. Inconciliáveis, resolveram-se em uma guerra civil — entre Vermelhos (revolucionários) e Brancos (contrarrevolucionários). Mas haveria também outras guerras civis, entre Vermelhos (bolcheviques versus socialistas revolucionários); entre Vermelhos e Negros (bolcheviques versus anarquistas); entre russos e não russos. No âmbito dessas outras guerras civis, rompeu-se a grande aliança proposta e realizada em outubro e emergiu uma quarta revolução, capitaneada pelos bolcheviques — partido único no poder, no contexto de uma ditadura militarizada, revolucionária.

Uma quinta revolução, promovida pelos marinheiros de Kronstadt, tentaria, em vão, recuperar as tradições democráticas de 1917. Esmagada a ferro e fogo, consolidou a via ditatorial do socialismo soviético, que perdurou até a desagregação da União Soviética, em 1991.

A ditadura política combinada com a perspectiva socialista era algo inusitado. Ao longo do século XIX, as propostas socialistas, ao contrário, combinavam-se com os princípios democráticos. Nem todos os democratas eram socialistas, mas todos os socialistas eram democratas. O socialismo era considerado por seus adeptos o regime que iria aprofundar necessariamente os valores democráticos num nível que o capitalismo era incapaz de empreender.

Não era isso, contudo, que estava surgindo na Rússia revolucionária, em 1921. Por isso, entre sociais-democratas e anarquistas, desde o início, continuamente se questionava o caráter socialista do regime político, desqualificado como "socialismo de quartel", "socialismo ditatorial" ou mesmo, pelos anarquistas, como "capitalismo de Estado".

Os bolcheviques responderam no taco a taco: desqualificaram seus opositores como "gestores do capitalismo" (sociais-democratas) ou como "utópicos ineficientes" (anarquistas). Na Rússia, nos anos 1920, ainda haveria uma espécie de pausa. Mas ela seria rompida por outra revolução, pelo alto, empreendida pelo Estado, a partir de 1928. Rompeu-se, então, drástica e definitivamente, a grande aliança de outubro de 1917. Com novas ondas de violência, liquidou-se a classe de pequenos camponeses, posseiros da terra em que trabalhavam. Agigantou-se como nunca o Estado ditatorial, associando o socialismo à ditadura política.

Foi esse o modelo de socialismo que se construiu realmente no decorrer do século xx. Consagrado por uma nova Internacional, Comunista (1919-1943), renovado por outras revoluções depois da Segunda Guerra Mundial, que também ocorreram em sociedades agrárias, e por guerras catastróficas, como as do Vietnã (1945-1975), da Coreia (1948), da China (1949), de Cuba (1959), desembocaria igualmente em ditaduras políticas revolucionárias.

Quais foram as realizações do socialismo soviético? Como compreender sua duração no tempo e o êxito de seu modelo? Quais são seus legados?

O socialismo soviético assegurou independência nacional à Rússia, soberania em face das exigências do capitalismo internacional, um sonho longamente almejado pelos russos. Empreendeu transformações profundas e reformas sociais. O país dotou-se de uma indústria poderosa. Urbanizou-se. Depois da Segunda Guerra Mundial, surgiu como superpotência, com um armamento atômico equivalente ao da maior potência mundial, os Estados Unidos.

No plano internacional, inspirou, eventualmente apoiou e protegeu revoluções sociais e lutas de libertação nacional em vários continentes. Seu modelo econômico, baseado na intervenção extensiva do Estado em todos os âmbitos e esferas, inspiraria outras experiências socialistas e mesmo a construção de culturas políticas nacional-estatistas na América Latina, na África e na Ásia. A partir dos anos 1950, na Europa, em especial, mas também em outros países capitalistas do mundo, sua simples existência contribuiu indiretamente para a melhoria das condições sociais tanto dos trabalhadores como das demais camadas populares. Assustadas diante do "perigo vermelho", muitas elites sociais se disporiam a ceder anéis para salvar dedos — e cabeças.

Tais legados precisam ser considerados à luz da história. Entretanto, a dissociação entre socialismo e democracia teve resultados negativos para o socialismo e para a democracia. Entre esses termos, em vez da associação necessária, existente no século XIX, criou-se um abismo, às vezes intransponível.

Na União Soviética, o regime esclerosou-se a tal ponto que, sob inquérito, desagregou-se. Na China, os êxitos econômicos não ocultam uma ditadura persistente, cada vez mais anacrônica. Nos demais países socialistas, Vietnã, Cuba e Coreia, as ditaduras revolucionárias se tornaram, com o tempo, ditaduras conservadoras, sem horizontes promissores.

Os desafios do socialismo do século XXI passam pela avaliação crítica da saga socialista dos séculos anteriores.

Será possível recuperar as tradições revolucionárias social-democratas do século XIX, superando o vezo gestionário e conciliatório que fez dos partidos social-democratas europeus meros apêndices da ordem capitalista?

Recuperar a gesta livre e democrática do ano de 1917, quando tudo parecia possível, antes que as revoluções russas, apanhadas na dinâmica de guerras civis catastróficas, desembocassem na ditadura revolucionária?

Efetuar uma inovadora reaproximação entre democracia e socialismo, que era o que tinha de melhor o socialismo do século XIX?

A aventura socialista passada nos ajuda a avaliar criticamente os atalhos. O socialismo será uma aventura de gerações, uma opção que haverá de ser tomada conscientemente, ou não será senão uma caricatura de si mesma.

O caminho rumo ao socialismo democrático passa pela persuasão das gentes e pela auto-organização, pela autonomia e pela liberdade — principalmente a dos outros, como aconselhava Rosa Luxemburgo.

Só assim haverá uma humanidade livre, emancipada, democrática, socialista.

Não era a essa bela síntese que aspiravam os socialistas desde sempre?

Notas

PARTE I: O CICLO DAS REVOLUÇÕES RUSSAS, 1905-1921

1. AS REVOLUÇÕES RUSSAS: 1917-1921 [pp. 17-49]

1. Há controvérsias sobre o funcionamento do Soviete de São Petersburgo. Trótski data sua fundação de outubro, mas Vsevolod Eikhenbaum, o Volin, dirigente anarquista, sustenta que havia articulações favoráveis a um soviete desde fevereiro. Cf. L. Trótski, 1975; e Volin, 1975. Para o estudo dos sovietes, cf. O. Anweiller, 1974.

2. Kadetes, Demokraticheskaya Partiya. Não confundir com cadetes, alunos de escolas militares. Para a história da corrente liberal, cf. W. G. Rosemberg, 1974; e V. Léontovitch, 1974.

3. No tocante às tradições populistas, cf. I. Berlin, 1988; e F. Venturi, 1972.

4. Para o questionamento da tradição no que diz respeito à autocracia como uma modalidade do Estado ocidental, cf. C. Ingerflom, 2010 e 2015. Essa questão será abordada novamente durante o exame das revoluções de 1917.

5. Cf. R. Luxemburgo, 1979.

6. Chamamos esses dirigentes de intelectocratas, os intelectuais reformistas que se colocavam a serviço do Estado. Notabilizaram-se na história do Império Russo desde as reformas lideradas por Pedro, o Grande, em fins do século XVII e começo do século XVIII. Estiveram também presentes nas reformas

sob responsabilidade de Catarina II e dos imperadores Alexandre I e Alexandre II (abolição da servidão, em 1861). Cf. D. A. Reis, 2006.

7. Cf. o relatório de P. Durnovo, em D. A. Reis (Org.), 2017.

8. O sistema eleitoral era formado por cúrias, abrangendo as diferentes classes sociais (cúria camponesa, cúria operária etc.) com representações extremamente desproporcionais. Ao mesmo tempo, contudo, abriam-se brechas para a presença — minoritária — dos partidos socialistas, eleitos com o voto dos trabalhadores na cúria operária.

9. A primeira Duma, eleita em abril de 1906, abriu seus trabalhos em 10 de maio e foi dissolvida em 22 de julho por não atender às expectativas do tsar, como ele mesmo explicou no decreto de dissolução. A segunda, instalada em 5 de março de 1907, também foi logo dissolvida, em 16 de junho de 1907. Depois de mudanças nas leis eleitorais, uma terceira Duma funcionaria de novembro de 1907 a 1911. Em novembro de 1912, entraria em função a quarta Duma, que teve de lidar com o vendaval do ano quente de 1917.

10. Cf. C. Ingerflom, 2010 e 2015.

11. Cf. B. Féron, 1995.

12. Cf. A. Nove, 1990; e L. Trótski, 1978.

13. Para as concepções anarquistas, cf. Volin, 1975.

14. Repartição de terras negras — (*tchiorni peredel*; *tchernoziom* = terra negra). Essas terras de coloração negra apresentavam abundante conteúdo orgânico e eram bastante férteis.

15. Os pobres (*biednie*) e assalariados agrícolas (*batraks*), em contraposição aos médios (*seredniaks*) e aqueles designados pela palavra "punhos" (*kulaks*), ou seja, os camponeses mais prósperos, que, por tratarem com rudeza os mais pobres, usando seus punhos, ganharam esse apelido de *kulaks*.

16. Cf. M. Ferro, 1967 e 2011.

17. A frase foi proferida no Parlamento por Pavel Miliukov, líder dos *kadetes*. Cf. M. Ferro, 1967; e P. Miliukov, 1978.

18. A respeito de Rasputin, cf. D. Smith, 2016.

19. Cf. D. A. Reis (Org.), 2017.

20. Cf. M. Ferro, 1967.

21. Cf. N. Werth, 1999.

22. Cf. C. Ingerflom, 2010 e 2015.

23. Cf. N. Sukhanov, 1962.

24. Cf. D. J. Raleigh, 1986 e 2001; e O. Figes, 1989.

25. Muitos historiadores, embora mantendo a conceituação "europeia" do "Estado" russo, reconheceram a realidade dos múltiplos poderes. Cf. Marc Ferro, 1967, 1980 e 2011. Entre os contemporâneos — conservadores e revolu-

cionários —, a menção a uma situação "caótica" era comum. Lênin, às vésperas de outubro, chegaria a dizer: "O poder não está em nenhuma instituição, está na rua". Cf. A. Rabinovitch, 2004.

26. Conforme estudo pioneiro de M. Ferro, 1967.
27. Essa ideia de "calma" é sujeita a controvérsias. Cf. D. Raleigh, 1986; e N. Werth, 1999.
28. Cf. A. Rabinovitch, 2004.

2. A REVOLUÇÃO DE FEVEREIRO DE 1917 [pp. 50-62]

1. Cf. R. Pipes (Org.), 1968.
2. Cf. D. A. Reis (Org.), 2017.
3. Cf. N. Sukhanov, 1962.
4. Trótski consagrou essa expressão, mas o próprio autor e outros revolucionários e historiadores não parecem ter extraído dela todo o seu significado.
5. Cf. N. Sukhanov, 1962.
6. Cf. N. Werth, 1999.
7. Cf. M. Ferro, 1967.
8. Cf. N. Sukhanov, 1962.
9. A expressão é de M. Ferro. Cf. M. Ferro, 1980.
10. Cf. M. Ferro, 1967. Cf. igualmente as memórias de Nikolai Sukhanov, 1962; Clara Zetkin e Marcel Cachin, 2005; além das de John Reed, 2017.
11. Cf. L. Trótski, 1978.
12. Cf. C. Ingerflom; e, na Parte I deste livro, o capítulo 1.
13. Cf. M. Ferro, 2011.

3. DE MARÇO A AGOSTO: AS CRISES REVOLUCIONÁRIAS [pp. 63-86]

1. Cf. M. Ferro, 2011, para o quadro — não exaustivo — de dezesseis jornais publicados em Petrogrado, reportados a agrupamentos partidários e/ou suas frações e alas internas, p. 333.
2. Cf. N. Sukhanov, 1962.
3. Cf. M. Ferro, 1967.
4. Cf. J. Bunyan e H. H. Fisher, 1934; e também F. A. Golder, 1927.
5. Cf. J. Bunyan e H. H. Fisher, 1934.
6. Cf. entrevista elucidativa de Kerenski a M. Ferro. In: M. Ferro, 2011.

7. Voltaremos ao assunto, sobretudo na análise da chamada crise de julho. Cf. M. Ferro, 1967 e 2011; J. Bunyan e H. H. Fisher, 1934; e N. Werth, 1992 e 1999.

8. Cf. Marc Ferro, 1980 e 2011.

9. Cf. M. Ferro, 2011.

10. A composição do Congresso, por partidos, estava assim configurada: 537 socialistas revolucionários, 103 social-democratas (bolcheviques e mencheviques), 38 vinculados a outros grupos ou partidos menores e 437 sem filiação partidária. A presidência do Comitê Executivo Central, formado por trinta pessoas, coube a N. Avxentev, dirigente SR. Cf. J. Bunyan e H. H. Fisher, 1934.

11. Realizados entre 30 de maio e 3 de junho, reunindo 421 deputados.

12. Cf. J. Bunyan e H. H. Fisher, 1934.

13. Realizado entre 3 e 24 de junho, reunindo 1090 delegados.

14. Com relação à repartição dos delegados por preferência partidária, entre os 882 presentes com direito a voto (268 tinham apenas direito a voz), 805 declararam preferência ou filiação partidária, diferenciando-se da seguinte maneira: 285 SRS, 248 mencheviques, 105 bolcheviques, 32 internacionalistas, 73 socialistas sem partido, dez sociais-democratas unitários, vinte simpatizantes dos SRS, oito simpatizantes dos mencheviques, dez socialistas judeus (filiados ao Bund), três filiados ao grupo Edinstvo, três socialistas populistas, cinco trabalhistas/*trudoviks*, dois a favor de uma plataforma de unidade entre sociais-democratas e SRS e um anarco-comunista. Cf. Pervyi Vserossiiskii Sezd Sovetov R.i.S.D., 2 v., Moscou, 1930-1931, I, xxvii, citado em J. Bunyan e H. H. Fisher, 1934.

15. Realizada entre 21 e 28 de junho, compareceram 220 delegados, representando cerca de 1500 trabalhadores: 120 mencheviques, oitenta bolcheviques e o restante vinculado a outros grupos e partidos. Um menchevique, V. Grinevitch, foi eleito presidente do Conselho Central dos Sindicatos. Cf. J. Bunyan e H. H. Fisher, 1934.

16. O Conselho Central dos Sindicatos seria formado por dezesseis mencheviques, três SRS e dezesseis bolcheviques, mas no Comitê Executivo tomariam lugar cinco mencheviques e quatro bolcheviques. Cf. J. Bunyan e H. H. Fisher, 1934.

17. Cf. M. Ferro, 2011.

18. Ibid.

19. Sobre a crise de julho, cf. A. Rabinovitch, 1968 e 2004.

20. Tratava-se do palacete de Mathilde Kschessinska, ex-primeira bailarina do Balé Mariinski e ex-amante de Nicolau II, expropriado pelos bolcheviques em março e convertido, desde então, em sede do partido de Lênin. As tentativas da proprietária para recuperar sua residência não tiveram sucesso.

21. Cf. A. Rabinovitch, 2004.

22. Ibid.
23. Cf. K. Maidanik, 1998, e M. Ferro, 2011.

4. A REVOLUÇÃO DE OUTUBRO [pp. 87-109]

1. Cf. J. Bunyan e H. H. Fisher, 1934; e A. Rabinovitch, 2004.
2. Cf. A. Rabinovitch, 2004.
3. Os textos são "Os bolcheviques podem e devem tomar o poder" e "O marxismo e a insurreição". Ambos se encontram em Lênin, 1978, v. 2, ou 1966-1972, v. 34.
4. A. Rabinovitch, 2004, registra uma distinção sutil, mas importante, entre os dirigentes bolcheviques. Kamenev e Trótski defendiam um governo socialista, no entanto o primeiro o defendia como responsável perante a Conferência Democrática, enquanto o segundo o via como responsável perante as estruturas soviéticas.
5. Os números foram publicados no *Izvestia*, de 3 de setembro. Cf. A. Rabinovitch, 2004.
6. Cf. J. Bunyan e H. H. Fisher, 1934, p. 21.
7. Ibid.
8. Ibid. e A. Rabinovitch, 2004, p. 187.
9. Cf. A. Rabinovitch, 2004.
10. Cf. J. Bunyan e H. H. Fisher, 1934, pp. 40 ss.
11. Ibid., pp. 48 ss.
12. Sob a presidência de I. Sverdlov, participaram da reunião os seguintes dirigentes bolcheviques: V. Lênin, G. Zinoviev, L. Kamenev, L. Trótski, I. Stálin, M. Uritski, F. Dzerjinski, A. Kollontai, A. Bubnov, G. Sokolnikov e G. Lomov. L. Kamenev e G. Zinoviev votaram contra a decisão majoritária. Cf. J. Bunyan e H.H. Fisher, pp. 56 ss. Nessa reunião decidiu-se igualmente eleger um Bureau Político (BP), constituído por sete membros: V. Lênin, L. Trótski, I. Stálin, L. Kamenev, G. Zinoviev, A. Bubnov e G. Sokolnikov. Ou seja, embora minoritários na questão central da insurreição, Kamenev e Zinoviev foram eleitos membros do BP.
13. Cf. J. Bunyan e H. H. Fisher, 1934, pp. 60 ss. Grifo dos autores.
14. Ibid.,
15. Ibid., pp. 69 ss.
16. A resolução foi aprovada por 123 votos a 102 votos, com 26 abstenções (recorde-se que o Parlamento era formado por 555 representantes, ou seja, menos da metade estava presente). Cf. J. Bunyan e H. H. Fisher, 1934. A narração

dos acontecimentos, exceto naturalmente minhas avaliações pessoais, baseia-se em J. Bunyan e H. H. Fisher, 1934, A. Rabinovitch, 2004, e M. Ferro, 1967 e 2011.

17. Cf. J. Bunyan e H. H. Fisher, 1934, p. 95.
18. Ibid., p. 100.
19. Ibid., p. 103. Cf. também A. Rabinovitch, 2004.
20. Ibid., p. 116-17. Cf. igualmente M. Ferro, 1967 e 2011, e A. Rabinovitch, 2004.
21. Outras fontes indicam números totais diferentes (entre 517 e 649), mas conservando, entre os participantes, no que se refere a opções partidárias, ordem de grandeza semelhante. Cf. J. Bunyan e H. H. Fisher, 1934, p. 110. Cf. igualmente M. Ferro, 1967, e A. Rabinovitch, 2004.
22. Cf. J. Bunyan e H. H. Fisher, p. 110.
23. Ibid., p. 122.
24. Ibid., p. 124.
25. Tratava-se do programa formalmente defendido pelos SRS. "O que importa?", perguntou-se Lênin. "O importante é que caberia aos camponeses resolver os próprios problemas em toda a autonomia." Cf. J. Bunyan e H. H. Fisher, 1934, pp. 128-32.
26. Cf. M. Ferro, 2001.

5. AS GUERRAS CIVIS (1918-1921): UMA REVOLUÇÃO NA REVOLUÇÃO?
[pp. 110-31]

1. Sobre as guerras civis, cf. P. Archinov, 1976; J. Bunyan, 1936; V. P. Butt et al., 1996; E. Carr, 1977; O. Figes, 1989; M. Frame et al., 2006; E. Mawdslay, 1987; D. J. Raleigh, 2002; E. A. Retish et al., 2015; G. R. Swain, 1996; N. Werth, 1992.
2. Cf. J. Bunyan e H. H. Fisher, 1934, pp. 283 ss.
3. Ibid., p. 308.
4. Cf. N. Werth, 1999, p. 128.
5. Este era o título do decreto: "Atribuições ao Comissariado do Povo para o Abastecimento de plenos poderes extraordinários com vistas à luta contra a burguesia rural que dissimula estoques de trigo e se serve deles para fins especulativos". Cf. D. Aarão Reis, 2007.
6. Cf. N. Werth, 1992, p. 126; e J. Bunyan e H. H. Fisher, 1934, p. 336.
7. Cf. N. Werth, 1992, p. 153.
8. Cf. J. Bunyan e H. H. Fisher, 1934, p. 280.
9. Ibid., p. 379.
10. Ibid., p. 202.
11. Ibid., pp. 190-1.

12. O Congresso tinha cerca de oitocentos delegados, bem menos dos cerca de 1450 presentes ao I Congresso, realizado no mês de maio anterior.

13. Cf. O. Anweiler, 1974, p. 261, nota 1.

14. Entre os 703 eleitos, 380 vinculavam-se aos SRs de centro e de direita (299 russos e 81 ucranianos, cf. O. Anweiller, 1974, p. 263); 39 aos SRs de esquerda (constituídos como fração independente); 168 aos bolcheviques; dezoito aos mencheviques; quatro a outros partidos socialistas; quinta aos kadetes; dois a outros grupos conservadores e 77 a formações partidárias não russas. Em número de votos, os resultados, por partidos, foram os seguintes: SRs de centro, de direita e de esquerda: 20 690 742; bolcheviques: 9 844 637; mencheviques: 1 364 826; outros partidos socialistas: 601 707; kadetes: 1 986 601; outros grupos conservadores: 1 262. 418; formações partidárias não russas: 2 620 967 votos. Cf. O. Anweiller, citando dados coligidos por O. H. Radkey, 1950, p. 262. N. Sviatitsky (cf. J. Bunyan e H. H. Fisher, 1934, p. 350, nota 26) oferece dados ligeiramente diferentes: teriam sido eleitos 707 deputados: 370 SRs de direita; quarenta SRs de esquerda; 175 bolcheviques; dezesseis mencheviques; dezessete Kadetes e 89 "diversos". Os bolcheviques teriam recebido 9 023 963 votos, contra 20 893 754 concedidos aos SRs e 4,62 milhões aos demais partidos. N. Werth oferece ainda outros números, mas com a mesma ordem de grandeza: dos 41 milhões de sufrágios contabilizados, os SRs teriam tido 16,5 milhões de votos, outros socialistas moderados, um pouco menos de 9 milhões, as diversas minorias nacionais, 4,5 milhões; os kadetes, menos de 2 milhões; e os bolcheviques, cerca de 9 milhões. N. Werth, 1992, pp. 129-30.

15. A proposta foi derrotada por 237 votos a 136. Cf. O. Anweiller, 1972, p. 273.

16. No III Congresso Soviético, pela primeira vez reuniram-se, de modo unificado, deputados operários, soldados e camponeses. Foi registrada a presença de 942 deles. A esmagadora maioria era de deputados bolcheviques e SRs de esquerda, com apenas 54 deputados vinculados aos diferentes partidos de oposição. Cf. J. Bunyan e H. H. Fisher, 1934, pp. 389 ss. Outras fontes registram 710 deputados, dos quais 434 eram bolcheviques. Cf. O. Anweiller, 1972, p. 273.

17. O Congresso Sindical realizou-se em 10 de janeiro de 1918. O dos Comitês de Fábrica, quatro dias mais tarde. Houve oposição, mas muito minoritária. Cf. J. Bunyan e H. H. Fisher, 1934, pp. 635 ss.

18. Ibid., pp. 655 ss., e também O. Anweiller, 1972, p. 277.

19. Cf. J. Bunyan e H. H. Fisher, 1934, pp. 568 ss.

20. Para o juramento, cf. ibid., p. 574.

21. Cf. N. Werth, 1992, p. 133, e J. Bunyan e H. H. Fisher, 1934, pp. 523-4.

22. Cf. J. Bunyan e H. H. Fisher, 1934, p. 525.

23. O IV Congresso registrou a presença de 1204 deputados. O Acordo de

Paz foi aprovado por 784 votos a 261 (os SRS de esquerda já tinham então se retirado do recinto). Cf. J. Bunyan e H. H. Fisher, p. 533.

24. Ibid., p. 533.
25. Cf. N. Werth, 1992, p. 162.
26. A referência ao movimento makhnovista será retomada no capítulo 1 da Parte II. Também aí se fará referência às guerrilhas Verdes, formadas por grupos que se recusavam a aderir aos Brancos e Vermelhos.
27. Cf. J. Bunyan e H. H. Fisher, 1934, p. 394.
28. Cf. R. Pethybridge, citado por N. Werth, 1992, p. 160.
29. Cf. N. Werth, 1992, pp. 160 ss.
30. Ibid. e A. Nove, 1990.

6. A REVOLUÇÃO DE KRONSTADT [pp. 132-44]

1. Cf. P. Avrich, 1975, pp. 57-8.
2. Ibid., pp. 67.
3. Ibid., pp. 20-2.
4. Ibid., p. 22.
5. Cf. N. Werth, 1992, p. 167; P. Avrich, pp. 75 ss.; H. Arvon, 1980, pp. 41 ss.
6. Cf. P. Avrich, pp. 78 e ss.
7. Sobre a insurreição dos marinheiros, cf. ainda A. Berkman e E. Goldman, 2011.
8. Cf. P. Avrich, 1975, p. 87.
9. Cf. *Izvestia*, Kronstadt, 11 de março de 1917, p. 1.
10. Cf. P. Avrich, 1975, pp. 120 ss.
11. Ibid., p. 233.
12. Ibid.
13. Ibid., p. 11.
14. Cf. H. Arvon, pp. 124-5.
15. Ibid.
16. Ibid., p. 93, e A. Berkman e E. Goldman, 2011.

PARTE II: OS ATORES ESQUECIDOS

1. OS CAMPONESES E AS REVOLUÇÕES RUSSAS [pp. 147-68]

1. Sobre a questão camponesa, cf. O. Figes, 1989; N. Werth, 1984; e D. J. Raleigh, 1986 e 2001.

2. Cf. Nicolas Werth, 1999, pp. 55 ss.
3. Sobre março, cf. D. Raleigh, 1986. A respeito de abril, cf. M. Ferro, 2011.
4. Cf. D. A. Reis, 2007, p. 70.
5. Para a descrição pormenorizada do evento, cf. N. Werth, 1999, pp. 94-5.
6. Cf. J. Bunyan e H.H. Fisher, 1934, pp. 333-4.
7. Cf. J. Bunyan e H. H. Fisher, 1934, p. 335.
8. Foram credenciados 335 delegados: 195 SRS de esquerda, 65 SRS de direita, 37 bolcheviques, 22 anarquistas e mais dezesseis sem filiação partidária. Cf. O. Anweiller, 1972, p. 258.
9. O acordo previa que o novo CEC seria assim formado: 108 membros do CEC eleito pelo II Congresso de Deputados Operários e Soldados; 108 representantes do Congresso camponês; cem representantes dos sovietes do Exército e da Marinha de Guerra; 35 delegados do Congresso dos sindicatos; dez do Sindicato dos Ferroviários/Vikjel e cinco do Sindicato dos Correios e Telégrafos.
10. A autoidentificação partidária gerou o seguinte resultado: 350 SRS de esquerda, 305 SRS de direita, 91 bolcheviques e 43 sem partido. Cf. O. Anweiller, 1972, p. 258.
11. O novo CEC tinha a seguinte composição: 81 SRS de esquerda e vinte bolcheviques. Cf. O. Anweiller, 1972, p. 259.
12. Cf. J. Buyan e H. H. Fisher, 1934, p. 337.
13. Cf. J. Bunyan e H. H. Fisher, 1934, pp. 670 ss.
14. Ibid., p. 673; R. A. Wade, 1991, pp. 98 ss.
15. Cf. J. Bunyan e H. H. Fisher, 1934, pp. 676 ss.
16. O Exército Vermelho fora criado em janeiro de 1918.
17. Cf. J. Bunyan e H. H. Fisher, 1934, p. 658.
18. Ibid., pp. 660 ss.
19. Ibid., pp. 656 ss.
20. Cf. editorial do jornal *Novaia Jizn'*, in: J. Bunyan e H. H. Fisher, 1934, p. 662.
21. Sobre a paz de Brest-Litovski e suas consequências, cf. Parte I, capítulo 5.
22. Cf. R. A. Wade, 1991, p. 153.
23. Ibid., pp. 153 ss.
24. Ibid., pp. 170 ss.
25. Cf. J. Bunyan e H. H. Fisher, 1934, p. 666.
26. Ibid., pp. 685. Cf. também V. Lênin, 1966-1972, v. 22, p. 515.
27. Cf. R. A. Wade, 1991, p. 207.
28. Ibid., pp. 309-10.
29. Ibid., p. 344.
30. Cf. J. Bunyan e H. H. Fisher, 1934, pp. 424-5.

31. Cf. R. A. Wade, 1991, p. 346.
32. Ibid., p. 348.
33. N. Makhno morreu em Paris, em 1934. Sobre a insurreição Negra, cf. P. Archinov, 1976; N. Makhno, 1988; e Volin, 1975.
34. Cf. P. Avrich, 1975, p. 160.
35. Cf. Parte I, capítulo 6.

2. AS MULHERES E AS REVOLUÇÕES RUSSAS [pp. 169-87]

1. Cf. F. Venturi, 1972; e I. Berlin, 1988.
2. Cabe sublinhar dois lançamentos recentes no Brasil, ambos escritos por mulheres: W. Goldman, 2014; e G. Schneider (Org.), 2017.
3. Sobre a história das mulheres nas revoluções russas, além dos textos mencionados na nota anterior, cf. V. Broido, 1977; B. A. Engel e C. N. Rosenthal, 1992; C. Fauré, 1978; e H. Yvert-Jalu, 2008.
4. Cf. H. Yvert-Jalu, p. 21.
5. Ibid., p. 31.
6. Ibid., p. 26.
7. Em russo: Что дедать? (*Chto dielat'*). O título seria retomado por Lênin no começo do século XX em sua obra sobre o partido de vanguarda constituído por revolucionários profissionais. Recentemente, foi traduzida no Brasil. Cf. N. Tchernichevski, 2015.
8. Cf. Liubov Gurievitch, in: G. Schneider (Org.), 2017, p. 81.
9. Cf. G. Schneider (Org.), 2017, p. 19.
10. Cf. Alexandra Kollontai, in: G. Schneider (Org.), 2017, p. 196.
11. Cf. Liubov Gurievitch, in: G. Schneider (Org.), 2017, p. 81.
12. Cf. H. Yvert-Jalu, 2008, p. 95.
13. Ibid., p. 96.
14. Cf. G. Schneider (Org.), 2017, p. 38.
15. Cf. A. Kollontai, in: G. Schneider (Org.), 2017, p. 158.
16. Cf. H. Yvert-Jalu, 2008, p. 90.
17. Em russo: Лига Равноправия Женщин (Liga Ravnopravia Jenschin). Cf. G. Schneider (Org.), 2017, p. 13.
18. Cf. A. Kollontai, in: G. Schneider (Org.), 2017, pp. 147 ss.
19. Cf. H. Yvert-Jalu, 2008, p. 91.
20. Ibid., p. 109.
21. Cf. W. Goldman, 2014, pp. 72 ss.
22. Cf. os discursos de A. Kollontai, in: G. Schneider (Org.), 2017, pp. 147 ss.
23. Cf. G. Schneider (Org.), 2017, p. 207.

Referências bibliográficas

ANWEILER, O. *Les Soviets en Russie, 1905-1921*. Paris: Gallimard, 1972.
ARCHINOV, P. *História do movimento macnovista (A insurreição dos camponeses da Ucrânia)*. Prólogo de Voline. Lisboa: Assírio & Alvim, 1976.
ARVON, H. *La Révolte de Cronstadt*. Bruxelas: Complexe, 1980.
AVRICH, P. *La Tragédie de Cronstadt: 1921*. Paris: Seuil, 1975.
_____. *The Russian Anarchists*. Princeton: Princeton University Press, 1967.
BANOUR, W. (Org.). *Les Nihilistes russes*. Paris: Aubier Montaigne, 1974.
BAYNAC, J. *Les Socialistes-révolutionnaires*. Paris: Laffont, 1979.
BERDIAEV, N. *Les Sources et le sens du communisme russe*. Paris: Gallimard, 1951.
BERKMAN, A.; GOLDMAN, E. *Kronstadt*. Buenos Aires: Ateneu Diego Gimenez, 2011.
BERLIN, I. *Pensadores russos*. São Paulo: Companhia das Letras, 1988.
BRINTON, M. *Os bolcheviques e o controle operário*. Porto: Afrontamento, 1975.
BROIDO, V. *Apostles into Terrorists: Women and the Revolutionary Movement in the Russia of Alexander II*. Nova York: Viking, 1977.
BROVKIN, Vladimir. *The Mensheviks After October*. Nova York: Ithaca, 1987.
BROWDER, R.; KERENSKI, A. *The Russian Provisional Government, 1917: Documents*. Stanford: Stanford University Press, 1961, 3 v.
BUCHANAN, G. *My Mission to Russia and Other Diplomatic Memoirs*. Londres: Cassel, 1923. 2 v.
BUNYAN, J. *Intervention, Civil War, and Communism in Russia, April-December, 1918: Documents and Materials*. Stanford: Stanford University Press, 1936.

BUNYAN, J.; FISHER, H. H. *The Bolshevik Revolution. 1917-1918.* Stanford: Stanford University Press; Londres: Oxford University Press, 1934.

BUTT, V. P.; MURPHY, A. B.; MYSHOV, N. A.; SWAIN, G. R. *The Russian Civil War. Documents from de Soviet Archives.* Londres: Macmillan, 1996.

CARR, E. H. *A revolução bolchevique, 1917-1923.* Porto: Afrontamento, 1977. 3 v.

CHAMBERLIN, W. H. *The Russian Revolution, 1917-1921.* Nova York: Macmillan, 1935. 2 v.

CLEMENTS, B. E. *Bolshevik Women.* Cambridge: Cambridge University Press, 1997.

COHEN, S. *Bukharin e a revolução bolchevik.* São Paulo: Paz e Terra, 1990.

CONQUEST, R. *O último dos impérios.* São Paulo: Dominus, 1964.

DANIELS, R. V. *Red October.* Nova York: Scribners, 1967.

DEUTSCHER, I. L. *Trotsky.* Rio de Janeiro: Civilização Brasileira, 1966. 3 v.

ELLEINSTEIN, J. *A revolução das revoluções, a propósito da história da revolução soviética.* Lisboa: Prelo, 1975.

ENGEL, B. A.; ROSENTHAL, C. N. *Five Sisters: Women against the Tsar.* Nova York: Routledge, 1992.

FAURÉ, C. *Quatre femmes terroristes contre le Tsar.* Paris: F. Maspero, 1978.

FAYET, J-F.; PREZIOZO, S.; HAVER, G. (Orgs.). *Le Totalitarisme en question.* Paris: L'Harmattan, 2008.

FÉRON, B. *La Russie, espoirs et dangers.* Paris: Le Monde; Marabout, 1995.

FERRO, M. *La Revolution de 1917. Février-octobre.* Paris: Aubier-Montaigne, 1967. 2 v. (Reeditada em 1997, por Albin-Michel.)

_____. *Des Soviets au communisme bureacratique.* Paris: Gallimard; Julliard, 1980.

_____. *Nicolas II.* Paris: Payot, 1990.

_____. *1917: Les Hommes de la révolution.* Paris: Omnibus, 2011.

FIGES, O. *Peasant Russia, Civil War: The Volga Countryside in Revolution (1917--1921).* Oxford: Clarendon, 1989.

FITZPATRICK, S. *La Revolución rusa.* Buenos Aires: Siglo Veintiuno, 2012.

FLORINSKI, M. *The Fall of the Russian Empire.* Nova York: Collier, 1961.

FRAME, M.; KOLONITSKII, B.; MARKS, S. G.; STOCKDALE, M. K. (Orgs.). *Russian Culture in War and in Revolution, 1914-1922.* Bloomington: Slavica Publishers, Indiana University, 2016. 2 v.

FURET, F. *Le Passé d'une illusion.* Paris: Laffont; C. Lévy, 1995.

GALILI, Z. *The Menchevik Leaders in the Russian Revolution: Social Realities and Political Strategies.* Princeton: Princeton University Press, 1989.

GETTY, J. A. *Origins of the Great Purges: The Soviet Communist Party Reconsidered, 1933-1938.* Cambridge: Cambridge University Press, 1987.

GETZLER, I. *Martov: A Political Biography of a Russian Social Democrat.* Cambridge: Cambridge University Press, 1967.

_____. *Nikolai Sukhanov.* Oxford: Palgrave, 2002.

GILLIARD, P. *Le Tragique destin de Nicolas II e de sa famille.* Paris: Payot, 1921.

GOLDER, F. A. *Documents of Russian History, 1914-1917.* Nova York: Century, 1927.

GOLDMAN, W. *Mulher, Estado e revolução.* São Paulo: Boitempo, 2014.

GORKY, M. *Ecrits de révolution.* Trad. de André Pierre. Paris: Stock, 1922.

_____. *Untimely Thoughts: Essays on Revolution, Culture and the Bolsheviks, 1917--1918.* Trad. de Herman Ermolaev. New Haven: Yale University Press, 1995.

GORSUCH, A. E. *Youth in Revolutionary Russia: Enthusiasts, Bohemians, Delinquents.* Bloomington; Indianapolis: Indiana University Press, 2000.

GROSSKOPF, S. *L'Alliance ouvrière et paysanne en URSS (1921-1928): Le Problème du blé.* Paris: François Maspero, 1976.

HAIMSON, L. H. (Org.). *The Mencheviks: From the Revolution of 1917 to the Second World War.* Chicago: Chicago University Press, 1974.

HILDERMEIER, M. *The Russian Socialist Revolucionary Party before the First World War.* Nova York: St. Martin, 2000.

HOBSBAWM, E. *A história do marxismo.* São Paulo: Paz e Terra, 1982-1985. v. II, III, IV e V.

INGERFLOM, C. "A modernidade sem o Estado: por uma história política descentralizada". In: REIS, D. Aarão et al. (Orgs.). *Tradições e modernidades.* Rio de Janeiro: Ed. FGV, 2010, pp. 257-82.

_____. *Le Tsar c'est moi.* Paris: PUF, 2015.

KATKOV, G. *Russia, 1917. The February Revolution.* Londres: Fontana, 1967.

KERENSKY, A. *Prelude to Bolshevism: The Kornilov Rising.* Nova York: Dodd, Mead and Co., 1919.

_____. *The Catastrophe: Kerensky's Own Story of the Russian Revolution.* Nova York: Appleton-Century-Crofts, 1927.

KNOX, A. *With the Russian Army. 1914-1917.* Londres: Hutchinson, 1921. 2 v.

KOENKER, D. *Moscow Workers and the 1917 Revolution.* Princeton: Princeton University Press, 1981.

_____; ROSENBERG, W. G. *Strikes and Revolution in Russia, 1917.* Princeton: Princeton University Press, 1989.

KOLONITSKI, B.; FIGES, O. *Interpreting the Russian Revolution: The Language and Symbols of 1917.* New Haven; Londres: Yale University Press, 1999.

KOUSTOVA, E. "Les Fêtes révolutionnaires russes entre 1917 et 1920: Des Pratiques multiples et une matrice commune". *Cahiers du Monde Russe,* v. 47/4, 2006, pp. 683-714.

LÊNIN, V. I. *Toward the Seizure of Power*. Nova York: International Publishers, 1932. 2 v.

_____. *Oeuvres complètes*. Paris: Ed. Sociales; Moscou: Progrès, 1966-1972. 46 v.

_____. *Obras escolhidas*. Moscou: Avante!; Progresso, 1978. 3 v.

LÉONTOVITCH, V. *Histoire du libéralisme en Russie*. Paris: Fayard, 1974.

LEROY-BEAULIEU, A. *L'Empire des tsars et les russes*. Paris: Laffont, 1991. [1. ed.: 1898.]

LEWIN, Moshe. *The Making of the Soviet Union*. Nova York: Pantheon, 1985.

_____. *Russia/USSR/Russia*. Nova York: New Press, 1995.

_____. *O século soviético*. Rio de Janeiro: Record, 2007.

LINHART, R. *Lênin, os camponeses, Taylor*. São Paulo: Marco Zero, 1983.

LUXEMBURGO, Rosa. *Greve de massas, partido e sindicatos*. São Paulo: Kairos, 1979.

MAIDANIK, K. "Depois de outubro: e agora? Ou As três mortes da revolução russa". *Tempo*, n. 5, jul. 1998, pp. 9-43. Dossiê Revolução e Utopia, Departamento de História da Universidade Federal Fluminense.

MAKHNO, N. *A revolução contra a revolução*. São Paulo: Cortez, 1988.

MANDEL, D. *The Petrograd Workers and the Soviet Seizure of Power: From the July Days 1917 to July 1918*. Nova York: St. Martin's, 1984.

MAWDSLEY, E. *The Russian Civil War*. Sydney: Allen and Uwin, 1987.

MEDVEDEV, Roy. *La Révolution d'Octobre était-elle inéluctable?*. Paris: Albin Michel, 1976.

MILIUKOV, P. *The Russian Revolution*. Gulf Breeze: Academic International Press, 1978. 3 v.

NOVE, A. *An Economic History of the USSR*. Londres: Penguin, 1990.

PALÉOLOGUE, M. *Le Crépuscule des tsars (journal, 1914-1917)*. Paris: Mercure de France, 2007.

PIPES, R. (Org.). *Revolutionnary Russia: A Symposium*. Cambridge: Harvard University Press, 1968.

_____. *História da revolução russa*. Rio de Janeiro: Record, 1995.

RABINOVITCH, A. *Prelude to revolution: The Petrograd Bolsheviks and the July 1917 Uprising*. Indiana: Bloomington, 1968.

_____. *The Bolsheviks come to Power: The Revolution of 1917 in Petrograd*. Chicago: Haymarket; Londres: Pluto, 2004. [1. ed.: 1976.]

RADKEY, O. H. *The Election to the Russian Constituent Assembly of 1917*. Mass.: Cambridge University Press, 1950.

RALEIGH, D. J. *Revolution on the Volga, 1917*. Saratov: Cornell University Press, 1986.

_____. *Provincial Landscapes: Local Dimensions of Soviet Power*. Pittsburgh: University of Pittsburgh Press, 2001.

RALEIGH, D. J. *Experiencing Russia's Civil War: Politics, Society, and Revolutionary Culture in Saratov*. Princeton: Princeton University Press, 2002.

REED, J. *Os dez dias que abalaram o mundo*. Porto Alegre: L&PM, 2017.

REIS, D. A. (Org.). *Manifestos vermelhos*. São Paulo: Companhia das Letras, 2017.

_____. *Uma revolução perdida: A história do socialismo soviético*. 2. ed. São Paulo: Perseu Abramo, 2007.

_____. Os intelectuais russos e a formulação de modernidades alternativas: um caso paradigmático? In: *Estudos Históricos*, 37, jan.-jun. 2006, FGV, 2006, pp. 7-28.

_____. *As revoluções russas e o socialismo soviético*. São Paulo: Ed. da Unesp, 2004.

RETISH, A.; BADCOCK, S.; NOVIKOVA, L. G. *Russia's Revolution in Regional Perspective, 1914-1921*. Bloomington: Slavica Press; Indiana University, 2015.

RITTERSPORN, G. T. "Nouvelles recherches, vieux problèmes". *Revue des Études Slaves*, t. 64, fasc. 1, 1992, pp. 9-25.

ROSENBERG, W. G. *Liberals in the Russian Revolution: The Constitutional Democratic Party, 1917-1921*. Princeton: Princeton University Press, 1974.

SCHAPIRO, L. *Origins of the Communist Autocracy*. Nova York: Praeger, 1965.

SCHNEIDER, G. (Org.). *A revolução das mulheres: Emancipação feminina na Rússia Soviética*. São Paulo: Boitempo, 2017.

SEGRILLO, A. *Os russos*. São Paulo: Contexto, 2012.

SETON-WATSON, H. *The Russian Empire, 1801-1917*. Oxford: Clarendon, 1967.

SMITH, D. *Rasputin: Faith, Power and the Twilight of the Romanovs*. Nova York: Farrar, Straus and Giroux, 2016.

SMITH, S. A. *Red Petrograd: Revolution in the Factories, 1917-1918*. Cambridge: Cambridge University Press, 1983.

STÁLIN, I. et al. *Histoire de la révolution russe*. Paris: Sociales, 1950. 3 v.

SUKHANOV, N. N. *The Russian Revolution, 1917*. Nova York: Harper & Row, 1962. 2 v.

SUNY, R. G. *State of Nations: Empire and Nation-making in the Age of Lenin and Stalin*. Oxford: Oxford University Press, 2001.

_____. "Revision and Retreat in the Historiography of 1917: Social History and its Critics". *The Russian Review*, v. 53, n. 2, abr. 1994, pp. 165-82.

_____. *The Baku Commune, 1917-1918*. Princeton: Princeton University Press, 1972.

_____; ADAMS, A. *The Russian Revolution and Bolshevik Victory: Visions and Revisions*. Mass.: D. C. Heath, Lexington, 1990.

SWAIN, G. R. *The Origins of Russian Civil War*. Londres: Longman, 1996.

TCHERNICHEVSKI, N. G. *O que fazer?*. Trad. de Angelo Segrillo. Curitiba: Prismas, 2015.

TRÓTSKI, L. D. *História da revolução russa*. Rio de Janeiro: Paz e Terra, 1978. 3 v.
_____. *A Revolução de 1905*. São Paulo: Global, 1975.
VENTURI, F. *Les Intellectuels, le peuple et la révolution*. Paris: Gallimard, 1972.
VOKOGONOV, D. *Le Vrai Lenine*. Paris: Laffont, 1995.
VOLIN (EIKHENBAUM, V.). *The Unknown Revolution*. Montreal: Black Rose, 1975. 3 v.
WADE, R. A. *Documents of Soviet History: The Triumph of Bolshevism. 1917-1919*. Gulf Breeze: Academic International Press, 1991.
WERTH, N. *1917, La Russie en révolution*. Paris: Gallimard, 1999.
_____. *Histoire de l'Union Soviétique*. Paris: PUF, 1992.
_____. *La Vie quotidienne des paysans russes: De la Révolution à la collectivisation (1917-1930)*. Paris: Hachette, 1984.
YVERT-JALU, H. *Femmes et famille en Russie*. Paris: Sextant, 2008.
ZAKHAROVA, L.; AREL, D.; CADIOT, J. *Cacophonie d'empire: Le Gouvernement des langues dans l'empire russe et en URSS*. Paris: Ed. CNRS, 2010.
ZETKIN, C.; CACHIN, M. et al. *They Knew Lenin: Reminiscences of Foreign Contemporaries*. Honolulu: University Press of the Pacific, 2005.

Glossário

AUTOCRACIA: Regime em que o governante tem poder absoluto e ilimitado.

BATRAKS: Categoria socioeconômica que designava os assalariados agrícolas. Do russo: батракий.

BEDNIAK: Camponês pobre, do russo бедняκий. Categoria socioeconômica que designava os camponeses com pouca terra, sempre em dificuldades, endividados.

BOLCHEVIQUES: Do russo большиство (*bol'shinstivo*), termo russo que significa "maioria". No encerramento do II Congresso do Partido Operário Social-Democrata Russo (Posdr), realizado em 1903, os partidários de Lênin foram designados majoritários. Nesse evento foram definidas as normas de organização interna que deveriam reger a vida do partido.

CC: Comitê Central. Órgão dirigente dos partidos políticos russos.

CCP: Conselho dos Comissários do Povo. Nome atribuído ao governo revolucionário eleito pelo II Congresso dos Sovietes, em 27 de outubro de 1917. Em russo: Совет Народных Коммиссаров/Совнарком (*Soviet Narodnyr Komissarov/Sovnarkom*).

CEC: Comitê Executivo Central. Órgão executivo, eleito pelos congressos de deputados operários, soldados e camponeses, exercia funções permanentes entre os congressos.

COMITÊS: Grupos de pessoas, com poderes deliberativos, formados a partir de conjuntos maiores. Mesmo antes da Revolução de Fevereiro de 1917, para enfrentar os desafios da guerra e compensar as carências do governo, a sociedade russa começou a multiplicar a formação de comitês. Com objetivos revolucionários, eles se disseminariam a partir de fevereiro de 1917.

COMUNA: Coletivos de mulheres e homens, formados depois da revolução, com o objetivo de construir novos modos de vida. Também designava explorações rurais coletivas.

COSSACOS: Populações russas presentes nas áreas de fronteira, na Ucrânia, no sul do país e, depois, nas regiões asiáticas. Conhecidos pelo destemor e ímpeto guerreiro, ganhariam estatuto próprio e autonomia. Em contrapartida, ofereciam soldados armados e a cavalo ao Estado, constituindo uma espécie de tropa de elite.

DATCHA: Do russo дача. Casa de campo, construída nas cercanias das cidades russas.

DUMA: Do russo думать (*dumat'*), verbo russo que significa "pensar". Designa os parlamentos ou assembleias eleitas na Rússia.

GRANDE ALIANÇA: Aliança social forjada ao longo do ano de 1917, e consagrada juridicamente pelos decretos formulados pela Revolução de Outubro, articulando os interesses de camponeses, soldados, operários e nações não russas, em luta contra a Autocracia.

JENOTDELY: Departamentos femininos organizados em partidos e sovietes para tratar especificamente de questões e interesses das mulheres.

KADETES: Constitucionalistas-Democráticos, partido liberal russo. O termo provém das iniciais K. D., de Конституционно-демократическая партия (*Konstitutsiono-democratitcheskaia Partia*, Partido Constitucional-Democrático).

KOMBEDY: Comitês de camponeses pobres. Do russo комитет (*komitet*), "comitê", е бедный (*bedny*), "pobre".

KULAKS: Do russo кулак: punho. Termo que designava os camponeses mais abastados ou menos miseráveis, segundo o ponto de vista da análise. Como tratavam os devedores com violência, esmurrando-os com o punho, passaram a ser assim denominados. Não faltariam os que caracterizassem, num evidente exagero, os *kulaks* como uma "burguesia agrária".

MENCHEVIQUES: Do russo меньшинство (*men'shinstvo*), termo russo que significa "minoria". No encerramento do II Congresso do Partido Operário Social-Democrata Russo (Posdr), realizado em 1903, designou os adversários de Lênin, minoritários, quando foram definidas as normas de organização interna que deveriam reger a vida do partido.

MIR: Do russo мир. Significa ao mesmo tempo "paz" e "universo". Designava as comunas agrárias na Rússia pré-revolucionária.

MUJIQUE: Do russo мужик. Literalmente, "homenzinho", "pequeno homem". Palavra que designava os camponeses russos.

PUD: Do russo пуд. Medida de peso utilizada na Rússia tsarista, equivalente a 16,38 quilos, foi abandonada em 1924.

SEREDNIAKS: Camponeses médios. Do russo Середнякий. Categoria socioeconômica empregada para designar os camponeses que se encontravam entre os *kulaks* e os *bedniaks*.

SOVIETE: Do russo совет (conselho). Designa as organizações populares que se disseminaram na Rússia revolucionária sobretudo entre operários e soldados.

SRS: Sigla referente ao Partido Socialista Revolucionário russo. Fundado em 1901, herdeiro das tradições populistas, amplamente majoritário nos campos, ao longo do ano de 1917 se dividiria entre SRS de direita (moderados) e SRS de esquerda (radicais), aliados dos bolcheviques.

TSARISMO/TSARISTA: Regime político governado por um tsar, do russo царь. Título usado pelos autocratas russos entre 1546 e 1917. O termo russo *tsar*, assim como o alemão *kaiser*, tem como origem a palavra latina *Caesar*. Em razão das traduções francesas, usam-se também em língua portuguesa as grafias czar, czarismo, regime czarista.

ZEMSTVOS: Organizações administrativas provinciais criadas em 1864 na Rússia tsarista. Dominados pela nobreza, desempenharam importante papel na organização da vida local e regional.

Cronologia

Para cada registro, a presente cronologia oferecerá duas datas. A primeira refere-se ao calendário juliano, e a segunda, ao gregoriano, conforme estabelecido em nota no primeiro capítulo deste livro, p. 19.

1917

FEVEREIRO

14/27. Onda de greves em Petrogrado.

23/8 mar. Dia Internacional da Mulher. Início em Petrogrado, com a realização de uma passeata de mulheres, das cinco jornadas que resultarão na Revolução de Fevereiro e na deposição do tsarismo.

24/09 mar. Novas manifestações no centro de Petrogrado.

25/10 mar. Terceiro dia de manifestações. Greve geral em Petrogrado. O tsar ordena que se reprimam as manifestações.

26/11 mar. Confraternizações entre manifestantes e soldados, mas destacamentos atiram sobre a multidão, provocando dezenas de mortos e de feridos. Governo decreta estado de sítio. Greves começam em Moscou.

27/12 mar. Tropas amotinam-se de manhã cedo em três regimentos (Pavlovski, Preobranjenski e Volynski) e confraternizam com manifestantes. Tomada do Arsenal e distribuição de armas aos manifestantes. O Palácio de Justiça é incendiado. Triunfo da insurreição. Formação do Soviete de Deputados Operários. Deputados da Duma constituem o "comitê provisório para o restabelecimento da ordem e das relações com as instituições e com as personalidades".

28/13 mar. Rendem-se as últimas tropas fiéis ao tsarismo em Petrogrado. Formado o Soviete de Moscou.

MARÇO

1/14. Formação do primeiro Governo Provisório. Ordem de serviço (*Prikaz*) número 1.

2/15. O tsar Nicolau II abdica em favor do irmão, o arquiduque Miguel Alexandrovitch Románov.

5/18. Abdicação do arquiduque Miguel. Formação de uma Assembleia Nacional (Rada) em Kiev, na Ucrânia.

6/19. Anistia geral. Proclamação da autonomia da Finlândia.

8/21. Prisão do imperador Nicolau II e de sua família.

12/25. Os governos da França, Inglaterra e Itália reconhecem o Governo Provisório. Abolida a pena de morte.

14/27. O Soviete de Petrogrado conclama os povos de todo o mundo a concluir uma paz democrática.

16/29. Reconhecimento da independência da Polônia pelo Governo Provisório.

20/2 abr. O Governo Provisório proclama a igualdade de direitos entre homens e mulheres.

22/4 abr. Organização de sovietes registrada em 77 cidades.

23/5 abr. Enterro solene dos mortos nas jornadas de fevereiro.

ABRIL

3/16. Lênin e outros revolucionários bolcheviques chegam a Petrogrado.

7/20. Publicação das Teses de Abril, de Lênin, contra a guerra e o Governo Provisório; "todo o poder aos sovietes".

18/1º maio. Miliukov, ministro das Relações Exteriores, emite nota a favor de manter acordos firmados pelo tsarismo a propósito dos objetivos da guerra.

20/3 maio. Manifestações públicas contra a nota de Miliukov.

24 a 29/7 a 12 maio. Conferência Panrussa do Partido Bolchevique em Petrogrado (151 delegados, representando 80 mil militantes). Aprovadas as Teses de Abril de Lênin.

30/13 maio. Guchkov, ministro da Guerra e da Marinha, renuncia. Dois dias mais tarde, Miliukov também renuncia.

MAIO

4 a 20/17-05 a 2 jun. Congresso Panrusso de Deputados Camponeses em Petrogrado. Aprovada a nacionalização de toda a terra, sem indenização.

5/18. Formação do segundo Governo Provisório (primeira coalizão). Ingresso de dirigentes soviéticos no governo. I Conferência dos Comitês de Fábrica, em Petrogrado (421 delegados aprovam a proposta de controle operário nas fábricas. Hegemonia bolchevique).

JUNHO

3 a 24/16 a 6 jul. I Congresso dos Sovietes de Deputados Operários e Soldados. Eleição de um CEC formado por 104 mencheviques, 99 SRs, 35 bolcheviques e dezoito de outras filiações.

11/24. Assembleia ucraniana formula seu Primeiro Universal e proclama a autonomia da Ucrânia.

18/1 jul. Tem início uma ofensiva militar russa na Galícia.

21 a 28/4 a 11 jul. Conferência Panrussa dos Sindicatos em Petrogrado. Maioria menchevique.

JULHO

3-5/16-18. Crise de julho. Manifestações em Petrogrado com slogans bolcheviques.

5/18. Bolcheviques são acusados de atuarem como agentes alemães pela imprensa favorável ao governo.

6/19. Ordem de prisão dos líderes e fechamento de jornais bolcheviques. Assembleia finlandesa proclama a autonomia da Finlândia.

7/20. Kerenski torna-se chefe do Governo Provisório, como primeiro-ministro.

12/25. Governo Provisório restabelece pena de morte no front militar (abolida em 12/25 mar.).

19/1º-ago. Governo Provisório designa o general Kornilov como comandante em chefe do Exército.

24/6 ago. Instalação do terceiro Governo Provisório (segunda coalizão). Kerenski é confirmado como chefe do Governo Provisório.

26 a 3-ago./8 a 16 ago. VI Congresso do Partido Bolchevique, em Petrogrado, realizado na semilegalidade.

AGOSTO

12-15/25-28. Conferência de Estado em Moscou.

21/03 set. Ocupação de Riga por tropas alemãs.

26 a 30/8 a 12 set. Tentativa de golpe de Estado do general Kornilov. Derrotado, emerge a crise do terceiro Governo Provisório.

SETEMBRO

01/14. Proclamada a República. Formado um diretório de cinco líderes, enquanto não se forma um novo Governo Provisório.

14/27. Conferência Democrática em Petrogrado.

21/4 out. Conferência Democrática forma o Conselho Provisório da República Russa (Pré-Parlamento).

25/7 out. Formação do quarto Governo Provisório (terceira coalizão).

25/8-out. Trótski toma posse como presidente do Soviete de Petrogrado, consagrando a hegemonia bolchevique.

OUTUBRO

5/18. Bolcheviques decidem retirar-se do Pré-Parlamento. Congresso dos Muçulmanos de Orenburg aprova a autonomia nacional cultural.

7/20. Abre-se o Conselho Provisório da República Russa, chamado de Pré-Parlamento. Em Kuban, forma-se a União do Sudeste, incluindo os cossacos de Kuban, Don, Terek e Astrakhan e mais os povos do norte do Cáucaso.

10/23. Comitê Central do Partido Bolchevique decide por insurreição armada para depor o Governo Provisório.

12/25. Formação do CMR no Soviete de Petrogrado para organizar a defesa da cidade com soldados e operários.

Nova reunião do CC dos Bolcheviques reitera insurreição como "tarefa imediata".

17/30. O CEC do Soviete Panrusso adia a abertura do II Congresso dos Sovietes para 25 de outubro/7 de novembro (a data anterior era 21 out. /3-nov.).

18/31. O Congresso Panrusso dos Comitês de Fábrica em Petrogrado aprova proposta de transferir "todo o poder aos sovietes".

24/6 nov. Tem início a insurreição revolucionária em Petrogrado.

25/7 nov. O CMR declara deposto o Governo Provisório. Abre-se o II Congresso Panrusso dos Sovietes em Petrogrado.

26/8 nov. Tropas insurretas tomam o Palácio de Inverno. Partidos e grupos de oposição à insurreição formam um Comitê para Salvar o País e a Revolução. O II Congresso dos Sovietes da Rússia assume todo o poder e formula os decretos sobre a paz e a terra. Formação do primeiro governo soviético, o CCP. Tropas revolucionárias ocupam o Kremlin em Moscou.

29/11 nov. O CCP decreta jornada de trabalho de oito horas.

30-31/12-13 nov. Derrota das tropas de Kerenski em Pulkovo, nas cercanias de Petrogrado.

NOVEMBRO

2/15. Vitória revolucionária em Moscou, sob liderança dos bolcheviques. O CCP decreta o direito dos povos da Rússia à autodeterminação nacional.

7/20. A Assembleia Ucraniana (Rada) proclama a República Nacional da Ucrânia.

9/22. O CCP publica tratados secretos entre a Rússia, a Inglaterra e a França.

10/23. O CCP abole distinções civis e de classe.

12-14/25-27. Eleições para a Assembleia Constituinte.

14/27. O CEC decreta a Lei do Controle Operário. Ingresso dos SRS de esquerda no CCP.

15/28. Proscrição dos kadetes como "inimigos do povo". Conselho nacional estoniano designa um comitê para assumir funções de governo local. Formação do governo regional da Transcaucásia.

19/2 dez. O Conselho Nacional da Moldávia (*Staful Tserii*) proclama a República Democrática da Moldávia como parte de uma República Federativa da Rússia.

26/9 dez. O CCP declara guerra aos chefes cossacos. Abre-se o II Congresso Panrusso dos Camponeses em Petrogrado.

28/11 dez. Congresso muçulmano proclama autonomia territorial do Turquistão.

DEZEMBRO

1/14. O CEC estabelece o Conselho Nacional da Economia.

2/15. Assinatura do armistício em Brest-Litovski.

4/17. O CCP envia ultimato à Rada ucraniana.

7/20. Formada a Comissão Extraordinária Panrussa para a Luta contra a Sabotagem e a Contrarrevolução (*Tcheka*).

14/27. O CCP decreta a nacionalização dos bancos e o confisco dos depósitos em ouro.

18/31. O CCP reconhece a independência da Finlândia. O chamado Exército de Voluntários, comandado pelo general Mikhail Alekseiev, forma administração civil em Novocherkassk, província de Rostov, no sudoeste da Rússia.

23/5 jan. Representantes da Rada ucraniana, apoiados pelos alemães, chegam a Brest-Litovski para negociar a paz com as potências centrais.

1918

JANEIRO

5/18. Instalação da Assembleia Constituinte.

6/19. O CEC dos Sovietes dissolve a Assembleia Constituinte.

9/22. A Rada proclama a independência da Ucrânia.

10/23. O III Congresso Panrusso dos Sovietes de Deputados Operários e Soldados aprova a Declaração dos Direitos do Povo Trabalhador e Explorado e a dissolução da Assembleia Constituinte. Nacionalização da Marinha Mercante.

13/26. O III Congresso Panrusso dos Camponeses aprova a dissolução da Assembleia Constituinte. Decidida a fusão num único congresso dos sovietes de operários, soldados e camponeses.

15/28. O CCP decreta a organização de um Exército Vermelho operário-
-camponês.

16/29. Tem início uma guerra civil na Finlândia. Tropas soviéticas entram em Kiev, depondo a Rada ucraniana. O CEC dos Sovietes na Carcóvia proclama um governo revolucionário ucraniano.

18/31. O III Congresso Panrusso dos Sovietes adota a Lei Fundamental de Socialização da Terra.

19/1 fev. O patriarca da Igreja ortodoxa excomunga os bolcheviques.

23/5 fev. Decretada a separação entre a Igreja e o Estado.

28/10 fev. O CCP anula os empréstimos contraídos pelos governos russos anteriores.

Nota: Na Rússia revolucionária, o dia 31 de janeiro foi seguido pelo dia 14 de fevereiro, para ajustar os calendários. Na parte oriental do país, o ajuste de calendários só se concretizou em 1920.

FEVEREIRO

9. O Exército Vermelho ocupa Kiev.

18. O CCP aceita os termos do tratado de paz imposto pelos alemães.

25. O Exército Vermelho ocupa Novocherkassk, capital da região do Don.

MARÇO

3. Assinatura do tratado de paz de Brest-Litovski. Os SRS de esquerda deixam o CCP.

5. Tropas inglesas desembarcam em Mursmank, no norte da Rússia.

6-8. VII Congresso do Partido Bolchevique. Aprovadas a paz de Brest-
-Litovski e a mudança de nome do partido para Partido Comunista Bolchevique da Rússia PC(b)R.

12. Moscou torna-se a sede do governo revolucionário.
14-16. IV Congresso dos Sovietes ratifica a paz de Brest-Litovski.
16. Tropas alemãs ocupam Kiev e reinstalam a Rada ucraniana.

ABRIL

5. Desembarque de tropas japonesas em Vladivostok, no extremo oriente da Rússia. Tropas alemãs tomam a Carcóvia, na Ucrânia Oriental.
9. Tropas romenas ocupam a Bessarábia.
10. Contra o governo revolucionário, elege-se o general Piotr Krasnov, *ataman* do Exército Cossaco do Don.
13. Tropas alemãs ocupam Odessa, no mar Negro.
15. Tropas turcas ocupam Batumi, na Geórgia.
20. Tropas alemãs ocupam a Crimeia.
22. Nacionalização do comércio exterior. República da Transcaucásia declara a independência. O CCP nacionaliza o comércio externo.

MAIO

13. Decreto atribui amplos poderes ao Comissariado do Abastecimento (*Narkomprod*) para requisitar alimentos e cereais. Tem início a política de requisições forçadas.
26. A Legião Tcheca revolta-se e ocupa a cidade de Cheliabinsk e vários outros centros urbanos na Sibéria.

JUNHO

6. Restabelecida a pena de morte.
9. O CCP edita a lei do serviço militar obrigatório.
11. Decreto do CCP instaura comitês de camponeses pobres.
24. Os SRS de esquerda conclamam à guerra civil contra os bolcheviques.
25. Instituição de uma carteira de trabalho unificada.
28. Nacionalização de todas as empresas com capital de mais de meio milhão de rublos.

JULHO

6. Tentativa insurrecional dos SRS de esquerda derrotada pelo governo. Grupos liderados por Savinkov ocupam Iaroslav. Assassinato do conde Wilhelm von Mirbach, embaixador da Alemanha em Moscou, pelos SRS. Tentativa fracassada de golpe dos SRS em Moscou.
10. O V Congresso dos Sovietes aprova a Constituição da República Soviética Federativa Socialista da Rússia (RSFSR).

17. O tsar Nicolau II e sua família são executados na cidade de Ecaterimburgo, na Sibéria.

AGOSTO

30. Grupos SRs matam Uritski, dirigente bolchevique da *Tcheka* de Petrogrado. Em Moscou, Fanny Kaplan, ligada aos SRs de direita, fere Lênin gravemente. Terror vermelho contra inimigos do regime.

SETEMBRO

4/5. O Comissariado do Interior e o CCP emitem instruções para que se aplique o terror vermelho.

8. Conferência de forças de oposição em Ufa. Eleição de um governo alternativo constituído por um diretório de cinco lideranças.

NOVEMBRO

11. Armistício em Compiègne, França, põe fim à Primeira Guerra Mundial.
18. O almirante Koltchak dissolve o diretório eleito pela Conferência de Ufa.
21. Decretado o monopólio estatal do comércio interior.

1919

JANEIRO

1. Estabelecido um sistema centralizado e planificado de requisições.

MARÇO

6-9. Em Moscou, realiza-se o Congresso de Fundação da Internacional Comunista, o *Komintern*.
Ofensiva de Koltchak alcança as cercanias do Volga.

ABRIL

10. Decretada a mobilização geral do trabalho, válida para todas as pessoas entre dezesseis e cinquenta anos.

15. Decreto institui a organização de campos de trabalho forçado sob a direção do Comissariado do Interior (NKVD).

JUNHO

28. Assinado o Tratado de Versalhes. Estipuladas penas pesadas contra a Alemanha.

SETEMBRO
25. As tropas do general Denikin chegam a Kursk, Voronej e Orel, a quatrocentos quilômetros de Moscou. No mesmo momento, as tropas do general Iudenitch atacam Petrogrado.

OUTUBRO
23. As tropas de Iudenitch são detidas a cerca de cem quilômetros da capital da revolução. As tropas de Denikin são obrigadas a abandonar Orel e Voronej e batem em retirada.

NOVEMBRO
O Exército Vermelho toma Omsk, na Sibéria, sede das forças armadas de Koltchak.

DEZEMBRO
10. Em retirada, as tropas de Denikin chegam à Crimeia, onde o general barão Von Wrangel assume o comando.

1920

JANEIRO
15. Instituído o I Exército Revolucionário do Trabalho, nos Urais.

MARÇO
IX Congresso do Partido Comunista. As teses do grupo Centralismo Democrático são derrotadas.

ABRIL
6. As tropas francesas abandonam Odessa.
20. Instituído o II Exército Revolucionário do Trabalho, em Kazan.
20. Tropas polonesas invadem a Ucrânia, dando início à Guerra Russo-Polonesa.

MAIO
8. Os poloneses tomam a cidade de Kiev.
Insurreições camponesas nas províncias russas (Tambov). Guerrilhas lideradas por Aleksandr Antonov.

JUNHO
13. O Exército Vermelho retoma Kiev.

JULHO
19 a 9 ago. Em Moscou, realiza-se o II Congresso da Internacional Comunista.
26. O Exército Vermelho penetra em território polonês.

AGOSTO
Derrota do Exército Vermelho às portas de Varsóvia.

SETEMBRO
As tropas inglesas retiram-se de Arcangel. Os últimos contingentes ingleses no Cáucaso e na Sibéria também se retiram da Rússia.

OUTUBRO
20. Tratado de paz, assinado em Riga, capital da Letônia, encerra a Guerra Russo-Polonesa.

NOVEMBRO
14. As tropas do general barão Von Wrangel abandonam, sob proteção francesa, a Crimeia, partindo para o exílio.

1921
FEVEREIRO
24. Greves operárias em Petrogrado.
28. Início da insurreição em Kronstadt.

MARÇO
2. Constituição de um Comitê Revolucionário Provisório em Kronstadt.
7. Bombardeios sobre Kronstadt.
8. Os marinheiros de Kronstadt proclamam a terceira revolução russa. Abre-se em Moscou o X Congresso do Partido Comunista.
15. O X Congresso do Partido Comunista aprova as grandes políticas que constituirão a Nova Política Econômica (NEP).
17. Assalto final à base de Kronstadt. Derrota da terceira revolução.

FONTES

BUNYAN, J.; FISHER, H. H. *The Bolshevik Revolution, 1917-1918*. Stanford: Stanford University Press, Londres: Oxford University Press, 1934.

RABINOVITCH, A. *The Bolsheviks Come to Power. The Revolution of 1917 in Petrograd.* Chicago: Haymarket; London: Pluto Press, 2004 [1. ed. 1976].

WERTH, N. *Histoire de l'Union Soviétique.* Paris: PUF, 1992.

Créditos das imagens

p. 1 (acima), p. 1 (abaixo), p. 7 (abaixo), p. 6 (abaixo), p. 8 (acima), p. 8 (abaixo), p. 9 (acima), p. 10 (abaixo): www.russiainphoto.ru/ Multimedia Art Museum, Moscow/ Moscow House of Photography

p. 2 (acima), p. 4 (acima), p. 13 (acima), p. 13 (abaixo): Alamy/ Fotoarena

p. 2. (abaixo), p. 9 (abaixo): Album/ Fotoarena

p. 3 (acima): Alexander Rodchenko/ TASS/ Getty Images

p. 3 (abaixo): Hulton Deutsch/ Getty Images

p. 4 (abaixo): Popperfoto/ Getty Images

p. 5 (acima): Michael Nicholson/ Getty Images

p. 5 (abaixo): Hulton Archive/ Getty Images

p. 6 (acima): Russian State Library, Moscow, Russia/ Bridgeman Images/ Fotoarena

p. 7 (acima): Fototeca Storica Nazionale/ Getty Images

p. 10 (acima): Heritage Images/ Getty Images

p. 11 (acima): British Library, London, UK/ Bridgeman Images/ Fotoarena

p. 11 (abaixo), p. 16 (acima): Photo © PVDE/ Bridgeman Images/ Fotoarena

p. 12 (acima): Universal History Archive/ UIG/ Bridgeman Images/ Fotoarena

p. 12 (abaixo): Slava Katamidze Collection/ Getty Images

p. 14: Bridgeman Images/ Fotoarena

p. 15: Museum of the Revolution, Moscow, Russia/ Bridgeman Images/ Fotoarena

p. 16 (abaixo): Viktor Budan/ TASS/ Getty Images

Índice remissivo

abastecimento das cidades russas, 31, 38, 64, 73, 90, 95, 98, 104-5, 112, 133, 135, 138, 155, 158, 160, 162, 181; ver também Ministério do Abastecimento; *Narkomprod* (Comissariado do Abastecimento)
abolição da servidão na Rússia (1861), 28, 148, 196n
açúcar, produção de, 119, 160
África, 142, 191
agricultura, 85, 158, 164; ver também produção agrícola
alcoolismo, 97, 162, 170
Alekseiev, Mikhail, 221
Alemanha, 21, 28, 37, 43, 47, 68-9, 74, 79, 105, 111, 118, 127, 223-4
Alexandra, tsarina, 32, 34; ver também Nicolau II, tsar
Alexandre I, imperador da Rússia, 196n
Alexandre II, imperador da Rússia, 172, 196n
Alexei, tsarévitch, 32, 36
Alexeiev, Mikhail, 121
Almirantado russo, 100
Alto-comando das Forças Armadas, 41, 53, 55; ver também Forças Armadas
América Latina, 191
analfabetismo na Rússia, 170
anarcocomunistas, 198n
anarquismo, 47n, 166
anarquistas, 22, 30-1, 44-5, 48-9, 56, 71, 73, 103, 113, 122, 133, 151, 190, 196n, 203n
anos vermelhos (1917-1921), 12, 188-93
Antonov, Aleksandr, 225
Antonov, Vladímir, 106n
Arcangel (Rússia), 121, 226
Arkhipov (suboficial mecânico), 137
Armad, Inessa, 175
armamento atômico russo, 191
Arsenal de Petrogrado, 35, 217
artesãos, 21, 136

Artyukhina, Aleksandra, 175
Ásia, 191
Ásia Central, 40, 43, 125-6
Assembleia Constituinte, 19, 21, 38, 47, 56, 73, 87, 90, 92-3, 96, 102, 106, 108, 115, 117, 123, 134, 136, 139, 150-1, 154-5, 158, 166, 181-2, 221-2
Assembleia das Dumas, 177
Associação dos Industriais (Rússia), 65
autocracia, 19-26, 29-30, 32-3, 36, 40-1, 59-61, 63, 65, 87, 91, 110, 115, 133, 165, 170, 174-5, 181, 188-9, 195n, 213; *ver também* tsarismo
autoritarismo, 109, 177
Avilov-Glebov, Nikolai, 106n

bábas (mulheres camponesas), 176n
Baikov (chefe de transportes), 137
Baku (Azerbaijão), 121
Bakunin, Mikhail, 7
Báltico, mar, 133, 137
bálticos, países, 39, 43, 47, 119, 125-6, 142
base de Kronstadt, 77-8, 132, 141, 226; *ver também* Kronstadt (Rússia); revolução de Kronstadt (1921)
Batalhão da Morte, 102
batraks (assalariados agrícolas), 123, 151, 196n, 213
Batum (Geórgia), 119, 125, 223
Bebel, August, 174
bedniaks (camponeses desvalidos), 123, 151, 213, 215
Berlin, Isaiah, 169
Bessarábia, 119, 125, 223
Bielorússia, 37n
Bochkareva, Maria, 102

Boidor, Eva, 183
Bokova, Maria, 173
bolcheviques, 22, 31, 39, 44-9, 68-9, 71-5, 77-81, 83-6, 88-94, 97-9, 101-4, 106n, 107-8, 110, 114-7, 119-20, 122-30, 133-5, 137-43, 147, 151-6, 158-9, 161, 165-7, 182, 190, 198-9n, 201n, 203n, 213, 215, 218-9, 221-3; *ver também* Partido Bolchevique
"bolchevização" dos sovietes, 89, 97
Bonch-Bruevich, Vladímir, 80
Brancos (contrarrevolucionários), 48, 120-2, 124-5, 128, 142, 165-7, 189, 202n; *ver também* Negros (anarquistas); Vermelhos (revolucionários)
Brechko-Brechkovskaia, Ekaterina, 172, 183
Brest (Bielorússia), 37n
Brest-Litovski, tratado de paz de (1918), 37, 46-7, 119, 123-7, 134, 160, 221-3
Bubnov, Andrei, 97, 98n, 199n
Bukharin, Nikolai, 120, 142
Bulgária, 37n
burgos russos, 170
burguesia, 22-3, 29, 31, 58, 70, 83, 91, 111, 116, 126, 134, 152, 156, 160, 163, 200n, 214
Byron, Lord, 7

calendário gregoriano, 12, 19n
calendário juliano, 12, 19n, 217
camponeses, 12, 20, 23, 30, 36-7, 42-4, 55, 64-5, 67, 72-3, 83-4, 88, 95, 97-8, 103, 105, 106n, 115, 118, 123-5, 128, 134, 136, 139-40, 143, 147-69, 176, 186, 189, 191, 196n, 200-1n,

213-5, 222, 223; *ver também* mujiques
Camus, Albert, 7
capitalismo, 21, 24, 28, 139, 171, 174, 190-2
capitalistas, 77, 140, 152, 191
Carcóvia (Ucrânia), 222-3
carvão, produção de, 27, 119
Catarina II, imperatriz da Rússia, 196*n*
Cáucaso, 40, 43, 48, 121, 125-6, 134, 162, 220, 226
CC (Comitê Central), 45, 91, 93-4, 96-9, 103, 115, 119, 182, 213, 220
CCP (Conselho dos Comissários do Povo), 46, 105, 107, 111-5, 117, 120-1, 123, 125-6, 135, 153-5, 160, 183-4, 213, 220-4
CEC (Comitê Executivo Central), 41-2, 73, 75, 77, 92-3, 99, 102, 105-6, 114-7, 137, 153-6, 160-1, 183-4, 203*n*, 213, 219-22
Cem-Negros (Tchornaia Sotnia ou Tchernosotentsy, grupos paramilitares), 138
"Centralismo Democrático" (grupo), 135
Cheliabinsk (Rússia), 223
Chernov, Viktor, 70
China, 18, 122, 191-2
Chkheidze, Nikolai, 88
classes médias, 23, 177, 179
CMR (Comitê Militar Revolucionário), 96, 99-101, 113, 220
Comissão Extraordinária Panrussa para a Luta contra a Sabotagem e a Contrarrevolução *ver Tcheka*
Comissariado da Agricultura, 46
Comissariado do Abastecimento *ver Narkomprod*
Comissariado do Povo para Assuntos Sociais, 184
Comitê Central *ver* CC
Comitê de Salvação Pública, 100
Comitê Executivo Central *ver* CEC
Comitê Militar Revolucionário *ver* CMR
Comitê Revolucionário Provisório *ver* CRP
Comitês de Camponeses Pobres, 161
Compiègne (França), 224
Comuna de Paris (1871), 46, 71
comunismo, 17, 49, 62, 129, 134-5, 142-3, 165, 167; *ver também* socialismo
comunistas, 137-8, 143; *ver também* socialistas
Conferência das Mulheres Socialistas (1910), 179
Conferência Democrática (1917), 88-9, 91-2, 199*n*, 220
Conferência dos Comitês de Fábrica, 72, 182, 219
Conferência Panrussa dos Sindicatos, 72, 74, 219
Congresso das Operárias da Rússia (1917), 184
Congresso do Partido Bolchevique (1917), 83, 120, 139, 182, 219, 222
Congresso dos Muçulmanos de Orenburg (1917), 220
Congresso dos Sindicatos, 187
Congresso dos Sovietes, 38, 45, 75-6, 93, 98, 101, 106, 108, 114, 116, 120, 126, 135, 159, 162, 183, 213, 219-20, 223; *ver também* sovietes
Congresso Nacional das Mulheres Trabalhadoras (1918), 185

Congresso Panrusso das Mulheres (1908), 179
Congresso Panrusso de Abastecimento (1918), 112
Congresso Panrusso de Comitês e Sovietes Camponeses, 72
Congresso Panrusso dos Camponeses (1917-8), 151-3, 221-2
Congresso Panrusso dos Comitês de Fábrica (1917), 99, 220
Congresso Panrusso dos Sovietes de Deputados Operários e Soldados (1917-8), 12, 41-2, 72-3, 102, 151, 222
Congresso Regional dos Sovietes de Soldados, Marinheiros e Operários da Finlândia (1917), 89
Congresso sobre a Educação das Mulheres (1912-13), 180
Congresso Soviético de Deputados Operários, Soldados e Camponeses (1918), 117
Conselho da República (Pré-Parlamento russo), 92, 95, 100-1, 112, 220
Conselho dos Comissários do Povo *ver* CCP
Conselho Nacional da Moldávia, 221
Conselho Nacional das Mulheres, 181
Conselhos de Administração das Caixas Hospitalares, 180
Constituição da República Socialista Federativa Soviética da Rússia (RSFSR), 117, 126, 223
cooperativas, 32, 85, 91, 151, 164, 185
Coreia, 18, 191-2
cores distintivas nas revoluções, 47*n*; *ver também* Brancos (contrarrevolucionários); Negros (anarquistas); Vermelhos (revolucionários)
cossacos, 34, 47, 52, 85, 92, 101-2, 106, 121, 148, 150, 214, 220-1, 223
crianças abandonadas, 173, 186
Crimeia (Rússia), 27, 121, 148, 223, 225, 226
crises revolucionárias (1917), 63-86; *ver também* revolução de fevereiro (1917); revolução de outubro (1917)
CRP (Comitê Revolucionário Provisório), 137, 226
Cuba, 191-2
cúrias no sistema eleitoral, 196*n*
cursos universitários, mulheres russas em, 173, 178

datchas (casas de campo), 80, 214
Decreto da Terra (1917), 154, 156
democracia, 49, 60, 69, 84, 135, 190, 192
Den' (jornal), 111
Denikin, Anton, 76, 121, 165-6, 225
"destacamentos de ferro", 160, 162
Dia Internacional da Mulher, 33, 179-80, 217
dinheiro e sistema de permuta, 160
distribuição de terras, 20, 31, 37-8, 71, 73, 90, 100, 104-5, 148-51, 157, 164, 196*n*
ditadura, 31, 49, 83-4, 98, 109, 111, 115, 128, 130-1, 134-5, 139, 142-4, 163, 165, 186, 190-2
ditaduras políticas revolucionárias, 191
divórcio, 170, 184
domingo sangrento (1905), 19, 176
Duma (parlamento), 20, 25, 32, 34-6, 55, 57-8, 66, 196*n*, 214, 217

dumas municipais, 85, 89n, 91, 97, 118, 177, 181
Durnovo, Piotr, 32, 50
Dybenko, Pavel, 106n
Dzerjinski, Félix, 98n

Ecaterimburgo (Rússia), 224
economia russa, 24, 27-8, 31, 119, 129, 143, 191
Eikhenbaum, Vsevolod, 195n
emancipação feminina, 170; ver também mulheres
Engels, Friedrich, 174
Estado e a Revolução, O (Lênin), 46, 71, 80
Estados Unidos, 68, 119, 179, 191
Estônia, 142
estradas de ferro *ver* ferrovias russas
Europa, 18-9, 23, 26, 57, 98, 125, 129, 191
Exército Vermelho, 48, 118, 126-8, 141, 143, 203n, 222, 225-6

família patriarcal, 170, 172-4
feminismo na Rússia, 173-4, 181, 185; ver também mulheres
Ferro, Marc, 32, 35, 59, 67, 74, 107, 196n
ferro, produção de, 27, 119
ferrovias russas, 27, 61, 128, 135, 138, 159, 162
Figner, Vera, 172
Filossofova, Anna, 174
finlandeses, 39, 43, 65, 125
Finlândia, 30, 47, 79-80, 89-90, 119, 125-6, 132, 139, 141, 218-9, 221-2
Forças Armadas, 20, 26, 28, 31, 37, 41, 53-5, 68, 85, 95, 104, 111, 128, 155
Fortaleza de São Pedro e Paulo (Petrogrado), 35
França, 28, 69, 79, 105, 121-2, 124, 163, 218, 221, 224

Galícia (Europa Central), 219
Gatchina (Rússia), 101
Geórgia, 223
Goldman, Emma, 144
Górki, Maksim, 57, 99
Gossudarstvo (Государство, "Estado"/ *dominium*), 26
Governo Provisório, 39, 41, 45, 55, 57-8, 60-1, 64-6, 68-71, 75-8, 82-3, 87, 92, 95, 99-101, 108, 133, 149, 181-2, 218-20
grande aliança (1917), 189-91, 214
Gregório XIII, papa, 19n
greves, 19, 23, 25, 32-4, 39, 44, 55, 85, 121, 129, 135-6, 138, 172, 176, 178, 181, 217, 226
Guarda Vermelha, 67, 182
Guchkov, Alexander, 66, 70, 218
Guerra da Crimeia (1853-56), 27, 148
Guerra do Vietnã (1945-75), 191
Guerra Fria, 148
Guerra Russo-Japonesa (1904-05), 189
Guerra Russo-Polonesa (1920), 225-6
guerras civis russas (1918-1921), 11-2, 17, 45, 47n, 48-9, 110-31, 134, 139-40, 142, 162, 164, 184-6, 190, 192
guerrilhas "verdes", 167, 202n
Guilherme II, *kaiser*, 126
Gurievitch, Liubov, 173

Helsinque, 89
herança, mulheres e direito a, 180
História da revolução russa (Trótski), 28

Iakovenko (telefonista), 137
Iákovlev, Varvara, 183
Iaroslav (Rússia), 124, 223
Igreja ortodoxa, 26, 84-5, 170, 222
imperialismo japonês, 18; *ver também* Japão
Império Austro-Húngaro, 37n, 69
Império Otomano, 69, 119
Império Russo, 18, 25, 27, 30, 39-40, 47-8, 119, 125, 195n
imposto *in natura*, 143, 155, 167
indústrias russas, 55, 66, 76, 85, 104, 112, 171, 191; *ver também* produção industrial
inflação, 38, 64, 73, 159, 181
Ingerflom, Claudio, 26, 196n
Inglaterra, 28, 69, 79, 105, 121, 218, 221
intelectuais, 67, 74-5, 138, 195n
Intellectuels, le peuple et la révolution, Les (Venturi), 169
Interdistrital (organização de quadros), 79
Internacional Comunista, 129-30, 142, 224, 226
Internacional Socialista, 33, 174, 179
internacionalistas, 45, 79, 91, 103, 106n, 107, 122, 198n
interregno revolucionário (1906-14), 24
islâmicos, povos *ver* muçulmanos
Itália, 69, 84, 218
Iudenitch, Nikolai, 122, 225
Ivanovo-Voznessenski (Rússia), 178
Izvestia (jornal), 104, 137, 140, 152, 199n

Japão, 18, 20, 24-5, 176, 189

jenotdely (departamentos femininos), 184n, 214
jornais bolcheviques, 79, 82, 99, 219
jornais russos, 101, 111, 173, 175, 180, 197n
judeus, 21, 138, 198n
Júlio César, imperador romano, 19n

Kadetes (Partido Constitucional-Democrático), 21, 57, 66, 88, 91-2, 111, 116, 124, 182, 195-6n, 201n, 214, 221
Kaledin, Alexei, 121
Kalinin, Mikhail, 137
Kamenev, Lev, 77, 79, 87, 89, 91-4, 96, 99, 103-4, 108, 114, 140, 199n
Kaplan, Fanni, 124
Kars (Turquia), 119, 125
Kavelin, Konstantin, 21
Kerenski, Alexander, 58, 65, 70, 75, 78, 82, 84-8, 90-3, 99, 100-2, 112, 114, 125, 219, 221
Kiev, 39, 125, 127, 180, 218, 222-3, 225
Kilgast (piloto), 137
Kirikina, Klavdia, 178
Kollontai, Alexandra, 175, 178, 182-4, 187, 199n
Koltchak, Aleksandr, 122, 124, 166, 224-5
kombedy (comitês de camponeses), 123, 214
Konoplianikova, Zina, 172
Konradi, Evgueni, 174
Kornilov, Lavr, 44, 85-7, 89, 95, 97-8, 108, 121, 134, 165, 219-20
Kotlin, ilha de, 132
Kovalevskaia, Sofia, 173
Kovalskaia, Elizaveta, 172
Kozlovski, A., 141

Krasnov, Piotr, 223
Kronstadt (Rússia), 49, 90, 132-4, 136-44, 190, 226; *ver também* base de Kronstadt; revolução de Kronstadt (1921)
Krupskaia, Nadejda, 175
Krylenko, Nikolai, 106n
Kschessinska, Mathilde, 198n
Kuban (Rússia), 162, 220
Kudelli, Praskovia, 175
kulaks (camponeses ricos), 123, 152, 160-1, 196n, 214-5
Kupolov (enfermeiro), 137
Kuzmin, N., 136-7

Larin, Yuri, 114, 155
Latsis, Martin, 78
Legião Tcheca, 124, 223
Lei Agrária, 95
Lei Fundamental de Socialização da Terra (1918), 156, 222
Lena, rio, 25
Lênin, Vladímir, 22, 25, 29-31, 33, 45-6, 49, 51, 68, 71, 73, 77-81, 83, 88-94, 96-100, 104-5, 107-8, 115-7, 119-20, 124, 129, 142, 152, 163, 167-8, 197-200n, 204n, 213-4, 218, 224
Letônia, 90, 127, 142, 226
licença-maternidade *ver* maternidade, proteção à
Liga Militar russa, 84
Liga Russa pela Igualdade do Direito das Mulheres, 179, 181
literatura crítica e revolucionária, contrabando de, 175
Liubatovitch, Olga, 172
locautes, 39, 44
Lunatcharski, Anatoli, 106n

Luxemburgo, Rosa, 30, 118, 193
Lvov, Georgy, 57, 66, 70, 82, 181

Makhno, Nestor, 125, 166, 204n
Manchúria, 18
Manifesto do Tsar, 21
Marinha de Guerra alemã, 90, 98
Marinha de Guerra russa, 20, 53, 55, 78, 84, 88, 106n, 132
Marinha Mercante russa, 222
marinheiros, 20, 23, 43, 49, 55, 77-8, 98, 112, 132-4, 136-9, 141-3, 190, 226
Martov, Julius, 22, 45, 79, 103, 107, 120
Marx, Karl, 30
marxismo, 165; *ver também* socialismo
marxistas, 22, 29, 31, 56, 58
Maslov, S., 95
maternidade, proteção à, 179-80
mechtchotchki ("homens dos sacos"), 159
mencheviques, 22, 45, 70, 72-4, 77-9, 82-3, 88-9, 91-2, 97, 103, 107, 113, 120, 122, 124, 135, 182-3, 198n, 201n, 214, 219
mercado negro, 159
Mesopotâmia, 121
Miguel, arquiduque, 36, 55, 218
Miliukov, Pavel, 21, 57, 66, 70-1, 196n, 218
Miliukova, Anna, 173
Milyutin, Alexei, 105n, 114, 152
Ministério da Agricultura, 70, 82
Ministério da Guerra, 66, 70, 82
Ministério das Comunicações, 70
Ministério das Finanças, 82
Ministério das Relações Exteriores, 66, 70, 82, 88, 106n, 218

Ministério do Abastecimento, 70, 88, 95, 106n
Ministério do Interior, 113, 224
Ministério do Trabalho, 70
mir (comunidade tradicional agrária), 21, 149, 170-71, 214
Mirbach, Wilhelm von, conde, 123-4, 223
modernização da Rússia, 31, 188
Moldávia, 221
monarquia, 20-1, 24, 28, 30, 36, 55-7
monogamia, 173, 185
Moscou, 19-20, 47, 61, 77, 84-5, 89-90, 97, 116, 121-2, 124-5, 127, 129-30, 135, 139, 158, 178, 180-2, 188, 198n, 217-21, 223-6
muçulmanos, 40, 43, 125, 220-1
mujiques, 12, 21, 30, 38, 42, 61, 149-51, 165-7, 215; *ver também* camponeses
Mukden (Manchúria), 20
Mulher e o socialismo, A (Bebel), 174
mulheres, 12, 33, 38, 52, 54, 56, 102, 116, 169-87
Murmansk (Rússia), 121

nacionalismo, 18, 20, 26, 30
nacionalização, 20-1, 31, 45, 71, 73, 112-3, 151, 219, 221
Napoleão Bonaparte, 27, 107, 122
Narkomprod (Comissariado do Abastecimento), 112, 158-9, 162-3, 223
Negro, mar, 20, 223
Negros (anarquistas), 47n, 125, 166, 190; *ver também* Brancos (contrarrevolucionários); Vermelhos (revolucionários)
"negros"/escuros, camponeses russos como, 149

Nekrássov, Nikolai, 82
NEP (Nova Política Econômica), 143, 167-8, 226
Nevski, V., 34, 52, 78, 97
Nicolau II, tsar, 32, 34, 36, 55, 57, 85, 122, 196n, 198n, 217-8, 224
Nikitin, S., 88, 96
NKVD *ver* Ministério do Interior
Nogatkino (Rússia), 177
Nogin, Viktor, 106n, 114
normas de consumo e de trabalho, fixação de, 157
Nova Política Econômica *ver* NEP
Novaia Jizn' [Nova Vida] (jornal), 99
Novocherkassk (Rússia), 121, 221-2
Novoe Vremia (jornal), 111

O que fazer? (Tchernichevski), 175
obchtchinas (assembleias), 170
oblasts (províncias), 42
Odessa (Ucrânia), 20, 121, 223, 225
operárias, mulheres, 54, 174, 178-9
operários, 19, 31, 33-6, 41, 43, 52, 54, 57, 59, 64-7, 73-4, 80, 82, 84, 88, 97-8, 101, 103, 105, 118, 128, 133, 135-40, 143, 151-4, 160, 163, 167, 186, 189, 201n, 203n, 213-5, 220, 222; *ver também* proletariado
"Oposição Operária" (grupo), 135
Oppokov, Georgi, 106n
Orechin (mestre-escola), 137
organizações populares, 67, 86, 90-1, 182-3, 186, 215
Origem da família, da propriedade privada e do Estado, A (Friedrich Engels), 174
Osossov (mecânico), 137
Osvobozhdenie [Liberação] (revista), 21

Palácio de Inverno (São Petersburgo), 19, 100-3, 134, 220
Palácio Tauride (Petrogrado), 35, 57, 77-8
Panina, Sofia, 182
parlamento russo *ver* Duma
Partido Bolchevique, 44-5, 71, 80, 82-3, 120, 128, 135, 139, 182, 184, 218-20, 222; *ver também* bolcheviques
Partido Comunista Bolchevique da Rússia (PC(b)R), 120, 139, 143, 164, 167, 187, 222, 225-6
Partido Constitucional-Democrático *ver Kadetes*
Partido Operário Social-Democrata da Rússia *ver* Posdr
Partido Progressista das Mulheres, 177
Partido Socialista Revolucionário *ver* SRS
Partido Trabalhista *ver Trudoviks*
"partidocracia", 22, 29
patriarcalismo, 170-1, 173-4, 180, 183
Patruchev (suboficial eletricista), 137
Pavlovski, regimento (Petrogrado), 34, 217
Paz de Riga (1921), 17
Pedro, o Grande, tsar, 195n
Pensadores russos (Berlin), 169
pequenas empresas, 143
Perepelkin (eletricista), 137
Perovskaia, Sofia, 172
Peshekhonov, Alexei, 70
Petritchenko, Stepan, 137, 142
Petrogrado, 33n, 34, 36, 41, 45, 47, 50, 54, 57, 59-61, 64-7, 69, 71-2, 74, 76-8, 80, 84, 87-8, 90, 93, 95-7, 99-101, 104, 115-6, 122, 125, 127, 130, 132-3, 135-8, 140, 143, 151, 153-4, 155, 181-2, 184, 197n, 217-21, 224-6; *ver também* São Petersburgo
petróleo, 121
Petropavlovsk (navio), 136-7
Pilsudski, Ióssif, 127
Plekhanov, Gueorgui, 79
Podvoisky, Nikolai, 78
pogroms, 138
Pokolnikov, Grigori, 99
polícia política *ver Tcheka*
Polônia, 21, 30, 39, 65, 119, 125-7, 218
população russa, 20, 30, 32-3, 37, 40, 42-3, 48, 61, 119, 130, 147, 149, 167, 169-70, 177
populismo, 215
populistas, 56, 174, 198n
Port Arthur, base naval russa de (China), 18
Posdr (Partido Operário Social-Democrata da Rússia), 22, 72, 213-4
Potemkin (encouraçado), 20
potência mundial, Rússia como (séc. XIX), 27
Preobranjenski, regimento (Petrogrado), 34, 217
Pré-Parlamento russo *ver* Conselho da República
Prikaz (ordem de serviço), 53-4, 218
Primeira Guerra Mundial, 24, 31, 37n, 47, 130, 180, 185, 189, 224
prodarmia ("exército do abastecimento"), 112
produção agrícola, 28, 119; *ver também* agricultura
produção industrial, 28, 32, 45, 119, 130, 147; *ver também* indústrias russas
profissionais liberais, 20, 23
Prokopovitch, Sergei, 95

proletariado, 29, 31, 83, 96, 107, 118, 163-4; *ver também* operários
pronomes pessoais russos, 53
propriedade privada, 105, 122, 151, 157, 165-6
puds (medida de peso), 95, 161, 215
Pugachev, Iemelian, 148

Rada ucraniana (federação de associações culturais), 39, 218, 221-3
Rasputin, Grigori, 32, 196*n*
Razin, Stenka, 148
Razliv (Rússia), 80
recenseamento russo de 1897, 147, 170
Regimento de Metralhadoras, 77
Reissner, Larissa, 175
religião na Rússia, 26, 157, 176
Retch (jornal), 111
revoltas camponesas, 124, 148, 151, 156, 167, 172
"revoltas das *bábas*", 176
Revolução de 1905, 11, 17-9, 23, 29, 37, 55, 148, 150, 176, 178, 189
Revolução de Fevereiro (1917), 11, 17-8, 31, 39, 43, 50, 52, 56, 58, 61, 63, 68, 72, 84-5, 107, 149, 189, 213, 217
Revolução de Kronstadt (1921), 11-2, 17, 131-2, 137, 167; *ver também* base de Kronstadt; Kronstadt (Rússia)
Revolução de Outubro (1917), 11, 17, 36-7, 40, 50, 73, 86-7, 94, 110, 118-9, 147, 183, 189, 199*n*, 214
Revolução Francesa (1789), 47*n*
revoluções russas, 11, 13, 17, 47*n*, 110, 147, 172, 192, 195*n*
Riga (Letônia), 90, 127, 219, 226
Rodstvennaia, Lidia, 174
Rodzianko, Mikhail, 34

Romanenko (vigia), 137
Románov, dinastia dos, 25, 36, 50, 57, 218
Romênia, 119
Rostov (Rússia), 221
Rykov, Alexei, 105*n*, 114

salários, 39, 111, 177
Samara (Rússia), 124, 180
Samoilova, Konkordia, 175
São Petersburgo, 19, 20, 33*n*, 178-80, 195*n*; *ver também* Petrogrado
Sarmentova, Matriona, 178
Savinkov, Boris, 124, 223
Sebastopol (navio), 136-7
Seção Operária do Soviete de Petrogrado, 77-8, 80
Segunda Guerra Mundial, 69, 191
seredniaks (camponeses médios), 123, 152, 196*n*, 215
Sestroretsk (Rússia), 80
Shliapnikov, Alexander, 105*n*, 115
Sibéria, 32, 43, 48, 122, 124, 134, 156, 159, 162, 166, 223-6
Sindicato dos Correios e Telégrafos, 203*n*
Sindicato dos Ferroviários, 114, 117, 154, 203*n*
sindicatos, 20, 22-3, 42, 89*n*, 97, 106, 114, 117, 135, 158, 203*n*
sistema tsarista *ver* autocracia; tsarismo
Skobelev, Mikhail, 70
Skvortsov-Stepanov, Ivan, 106*n*
Smilga, Ivars, 78, 89
Smolni (Petrogrado), 102
social-democracia internacional, 71
social-democratas, 22-3, 174, 179, 190, 192, 198*n*

socialismo, 11-2, 29-30, 47n, 49, 58, 129, 140, 144, 164, 167, 190-2; *ver também* comunismo

socialistas, 22, 25, 29-30, 33, 37-8, 44-9, 58, 61, 67, 72, 79, 82, 84-5, 87-8, 91, 93, 97, 103, 105, 106n, 107-8, 114-6, 122, 125, 129, 138, 144, 154, 160, 163-5, 174-5, 179, 183, 190-3, 196n, 198n, 201n; *ver também* comunistas

Sociedade de Assistência Mútua das Operárias, 179

Sociedade Feminina de Beneficência Mútua, 173

Sociedade Russa para a Proteção das Mulheres, 173

soldados, 20, 23, 31, 34-7, 41-3, 50, 53-7, 59, 61, 64-7, 69-70, 74, 76-7, 82, 84-5, 88, 95, 97-8, 101, 103, 107, 111, 115, 118, 121, 136-7, 152, 154, 160, 176, 189, 201n, 203n, 213-5, 217, 220, 222

Soviete de Petrogrado, 36, 41, 57-60, 64-7, 69, 74, 77-8, 80, 87-8, 93, 96, 101, 115, 138, 143, 154, 218, 220

Soviete de São Petersburgo, 20, 178, 195n

sovietes, 23, 37, 39, 41-5, 58, 67-8, 71, 73, 75, 77, 80-1, 83-5, 88, 90, 91-3, 97-100, 104, 108-9, 111, 113, 118, 124, 126, 134-6, 155, 157-8, 178, 182-3, 195n, 203n, 214-5, 218, 220, 222

Spiridonova, Maria, 115, 172, 183

SRS (Partido Socialista Revolucionário), 21, 29, 45-7, 58, 72-4, 77-8, 82-3, 88-9, 91-2, 102-3, 105, 106n, 107, 113-7, 119-20, 123-4, 133-5, 151, 153-6, 158-61, 163, 182-3, 198n, 200-3n, 215, 219, 221-4

Stal, Liudmila, 175

Stálin,Ióssif, 91, 98n, 99n, 106n, 126, 199n

Stassova, Elena, 183

Stassova, Nadejda, 174

Stendhal, 7

Stolypin, Piotr, 24, 149

Struve, Piotr, 21

Suécia, 79

sufrágio universal, 21-2, 29, 115, 177; *ver também* voto feminino, direito ao

Suíça, 33, 51

superpotência, Rússia soviética como, 191

Suslova, Nadejda, 173

Sverdlov, Iakóv, 94, 98n, 117, 199n

Talleyrand, Charles-Maurice de, 122

Tambov (Rússia), 134, 150, 167, 225

taylorismo, 140

Tcheka (Comissão Extraordinária Panrussa para a Luta contra a Sabotagem e a Contrarrevolução), 113, 122, 124, 128, 135, 139, 163, 221, 224

Tchernichevski, Nikolai, 175

Tchernov, Viktor, 38, 82, 114, 153-4

Tchitcherin, Boris, 21

tchorny ("negro"/"escuro"), emprego do termo, 149

Teodorovitch, Ivan, 106n

Tereshchenko, Mikhail, 82, 88

Teses de Abril (1917), 71-2, 218

Tiflis (Geórgia), 180

totalitarismo, 148

trabalho feminino, 171; *ver também* mulheres
trabalho livre, 140
Transcaucásia, 221, 223
Tratado de Portsmouth (1905), 20
Tratado de Versalhes (1919), 224
Trótski, Liev, 28-9, 49, 60, 77, 79, 88, 92-3, 99n, 101, 104, 106n, 107, 115, 133, 135, 142, 195-7n, 199n, 220
Trubnikova, Maria, 173
Trudoviks (Partido Trabalhista), 56, 58, 198n
tsar *ver* Nicolau II, tsar
tsarismo, 23, 25, 27-8, 30, 35-6, 41, 43, 50, 54-5, 63, 68-71, 121, 139, 141, 215, 217-8; *ver também* autocracia
Tsereteli, Irakli, 70
Tukhachevski, Mikhail, 140
Tukin (operário), 137
Turquia, 37n
Turquistão, 221
Tyrkova-Williams, Ariadna, 174

Ucrânia, 47, 76, 119, 125-7, 134, 162, 166, 214, 218-9, 221-3, 225
uezds (distritos), 42
Ufa (Rússia), 124, 224
União Acadêmica, 177
União Camponesa, 176
União da Escola Primária, 177
União das Mulheres (jornal), 178
União das Uniões, 177
União dos Cavaleiros de São Jorge, 84
União dos Constitucionalistas dos *Zemstvos*, 177
União dos Escritores, 177
União dos Médicos, 177
União dos Oficiais do Exército e da Marinha de Guerra, 84
União dos Proprietários de Terra, 84
União Panrussa do Comércio e da Indústria, 84
União pela Igualdade dos Direitos das Mulheres, 177
União Soviética, 80, 190, 192
Urais, 156, 225
urbanização da Rússia, 191
Uritski, Moisei, 98n, 124

Valk (operário), 137
Varsóvia, 127, 226
Vassiliev, P., 137
Venturi, Franco, 169, 195n
Verchinin (marinheiro), 137
Verkhovski, Alexander, 88, 95
Vermelhos (revolucionários), 48, 121, 124-5, 127-8, 135, 142, 160, 166-7, 189-90, 202n; *ver também* Brancos (contrarrevolucionários); Negros (anarquistas)
Viazemski, B., príncipe, 150
Vietnã, 191-2
Viren, Robert, 133
vítimas das crises e guerras, número de, 130
Vladivostok (Rússia), 121, 124, 223
vodca, 160, 163
Volga, rio, 122, 124, 134, 156, 224
Volin *ver* Eikhenbaum, Vsevolod
volosts (cantões/comitês distritais), 42, 152
Volynski, regimento (Petrogrado), 34, 217
voto feminino, direito ao, 173, 176-82
Vyborg, subúrbio de (Petrogrado), 35, 54

Witte, Serguei, 24, 32
Wrangel, Piotr, 121, 142, 225, 226

Zassúlitch, Vera, 172
zemstvos (organizações administrativas provinciais), 85, 91, 118, 215

Zinoviev, Grigori, 80, 96, 98-9, 103, 108, 114, 138, 143, 199n
Zurique, 79

1ª EDIÇÃO [2017] 1 reimpressão

ESTA OBRA FOI COMPOSTA PELA SPRESS EM MINION E IMPRESSA EM OFSETE
PELA GEOGRÁFICA SOBRE PAPEL PÓLEN SOFT DA SUZANO PAPEL E CELULOSE
PARA A EDITORA SCHWARCZ EM OUTUBRO DE 2017

A marca FSC® é a garantia de que a madeira utilizada na fabricação do papel deste livro provém de florestas que foram gerenciadas de maneira ambientalmente correta, socialmente justa e economicamente viável, além de outras fontes de origem controlada.